留学不要の英語勉強法

Masahiko Sakaguchi
坂口雅彦

はじめに

　みなさんは今までに英語を勉強しようと思い、何冊の教材を試してこられましたか？　日本は景気の良し悪しにかかわらず英語の教材がよく売れるそうです。本屋に出向いてみても、あまりの種類の多さにどれを選んでよいかわからなくなってしまいます。その結果、とりあえず目についたよさそうなものを購入し、頑張ってみようと意気込みます。しかし、「まずは会話フレーズかな…」と思い、がむしゃらに覚えてみるがいつの間にか飽きてしまい、最初の20ページくらいでやめてしまった。どうしてできるようにならないのだろう？　英語ができるようにならないのは、「語彙力が足りないからだ」と、今度は単語集に手を出す。しかし、すぐには成果が感じられないために面白くない。そうなると続きません。その結果、「会話表現も単語も手を出してみて、それでも成果が出ないのはやはり文法が身についていないからではないか？」と思い、今度は学生時代以来の文法の勉強を始めてみた。しかし、さっぱり理解できない。いろいろな文法項目が出てきて、どれがどれだか整理がつかず、嫌になってくる。そしてその結果、ついには英語の勉強に挫折してしまった。

　このようなタイプに該当する人は、やり方がよくないのと同時に、勉強する順番ももう少し工夫されるべきだと思います。本書は、そういう悩める方にむけて書きました。

私は留学経験なしで今日まで大変英語の勉強にもがいてきました。しかし、それでも国内の勉強だけで、今はそれなりに英語が話せるようになりました。以前は「留学をしないと英語なんて絶対に話せるようにならないし、TOEICのスコアだって帰国子女にかなうはずがない。日本の英語教育では絶対に生きた英語は使えるようにならない」そう思っていました。しかし、今まで色々な試行錯誤をしていくうちに、徐々に「国内の勉強だけでもなんとかなるのではないか」という思いに変わってきました。そして、やり方次第では、誰でも英語は大いに進歩することも確信するようになりました。

　その理由として、**留学経験のない私自身が、今では英検1級に合格し、TOEIC975点を取り、通訳案内士国家試験に合格した**からです。もちろん平坦な道のりではありませんでしたし、これまでの勉強は失敗の連続でした。**実は英検1級には5回落ちましたし、TOEICの受験回数は50回**を超えました。それでも私がなんとかここまでたどり着いたのには、それなりの工夫がありました。決して覚えがいいわけでもなく、生まれがよいわけでもなく、**帰国子女でもなく、英会話スクールに通ったことのない普通の日本人が、どうすれば英語が聞き取れ、話せるようになるのか？　日本人の悩める視点から解決策を書いた**つもりです。この本が、少しでもみなさんの今後の英語の勉強に役立てれば嬉しく思います。

留学不要の英語勉強法 ── 目次

はじめに……3

第1章 挫折しないために知っておくべきこと

1 英語を学習する順番
 ①単語→②会話表現→③文法→④リスニング …………… 12
2 まず自己分析で自分の英語レベルを把握する……… 17
3 英検か TOEIC を受験する ………………………… 19
4 勉強の前に英語圏への旅行申込みをしてしまう…… 21
5 勉強を「習慣」にする工夫………………………… 23

第2章 単語を覚えるルール25

1 英単語の勉強はダイエットと同じ………………… 26
2 身近な単語から覚える……………………………… 29
3 長く接した単語ほど忘れない……………………… 31
4 気になって仕方がないと誰でも覚えられる………… 33
5 毎日出会うと嫌でも覚えられる…………………… 35
6 英単語メモをお風呂の脱衣場に貼る……………… 37
7 覚えられない単語はマジックで塗りつぶす………… 39
8 「この単語を使いたい！」と思えば覚えられる …… 42
9 印象に残った英単語は記憶に定着する…………… 45

10	感情やイメージも一緒に覚えると忘れない…………	48
11	大嫌いな上司を思い浮かべて覚える…………………	50
12	会議をサボった部下の顔を思い浮かべて覚える……	52
13	単語は語と語のつながり （コロケーション）で覚える …………………………	54
14	英語で「ハードスケジュール」とは言えない………	56
15	日本語で「ズボンを着る」とは言わない……………	59
16	英単語は腕が疲れるほど 書かなくても覚えられる…………………………………	61
17	スペル（綴り）が書けなくても 意味がわかれば十分………………………………………	64
18	新「英単語カード」を作る………………………………	66
19	単語カードは絶対例文つきのものにする……………	70
20	例文の中で覚えるとその場面までも思い浮かぶ……	73
21	英単語の勉強は細切れ（一日に３分×５回）でOK …	76
22	単語カードをシャッフルすると驚きの成果が出る…	79
23	単語カードは20枚だけ持ち歩く ……………………	81
24	パッと意味が出てくるまで繰り返す…………………	83
25	スキマ時間で英単語を覚えるとイライラが消える…	85

第3章　英会話力をつけるルール24

1	英会話の勉強はダンスパフォーマンスと同じ………	90
2	英会話の練習前には一杯やってから行く！…………	93

3	相手はあなたの発音の良さに興味はない	96
4	「すぐに単語を調べる」という習慣をやめる	100
5	英作文の勉強と英会話の勉強は同じ	102
6	調べなくても知っている単語と文法を使って話す	104
7	1文で言わずに2文に分けて説明すると楽に言える	107
8	英会話は一人でも十分練習できる	109
9	見たものを実況中継する	111
10	「懲りない人ですね」を英語で	114
11	英会話のカギは発想の転換にある	116
12	初級者は会話に入る前の予習がすべて	119
13	恥ずかしさがなくなる電話英会話を利用する	122
14	電話英会話で早起きになる	124
15	英会話の主導権はこちらが握る	126
16	講師の先生に毎回一つ質問を用意しておく	128
17	英会話学校に行くなら予習したことを発表する場にする	130
18	上級者は会話の後の復習がカギ	132
19	ダメな英会話講師といい英会話講師の違い	134
20	オンラインレッスン『レアジョブ英会話』を活用する	136
21	英語が話せるようになるには段階がある	138
22	赤ちゃんはある日突然英語を話さない	141
23	場数を踏んでどんどん間違える	144
24	日本を語れる人こそ国際人になれる	146

第4章　文法力をつけるルール 10

1　文法の勉強はスマートフォン
　　の操作を覚えるのと同じ……………………………… 152
2　英会話にも文法力は絶対必要！……………………… 154
3　英文を暗記するのではなくルールを暗記する……… 156
4　暗記したかどうかは自分で英文を作って確かめる… 158
5　品詞を学べば「なぜそう言えないのか」
　　が納得できる…………………………………………… 161
6　文法は一分野ずつ完璧にしていく…………………… 164
7　苦手分野は 20 分× 6 日間連続で克服できる ……… 166
8　文法書は辞書のように引く…………………………… 169
9　文法問題集はルール解説のあるものを選ぶ………… 171
10　なぜダメなのかに注目する…………………………… 173

第5章　リスニング力をつけるルール 22

1　リスニングの勉強はスポーツと同じ………………… 176
2　週 1 で 2 時間するより
　　20 分× 6 日間連続の方が効果大 …………………… 178
3　苦しいのは案外最初だけ……………………………… 180
4　どんなリスニング教材を使えばよいか……………… 183
5　TOEIC の Part 2 なら忙しい時でも勉強できる …… 186

6	聞き取れると優越感に浸れる	188
7	リスニング力向上のカギは復習がすべて	190
8	大量に聞くよりも同じ問題を何度も聞く	192
9	英単語を映像化する	195
10	場面を映像化する	198
11	頭の中で英文を追いかける	201
12	会話のやりとりを映像化する	203
13	一日の中で「英語リスニング時間」を固定する	206
14	寝る前2分の音読がリスニング力を向上させる	208
15	音読する時の注意点	210
16	調子のいい時もあれば悪い時もある	213
17	聞き取れない時は知らない単語がある可能性が高い	215
18	water は米国では「わらぁ」英国では「わぁた」	218
19	CD を聞き流すだけで本当にできるようになるのか？	220
20	集中していない時は3分でやめる	223
21	洋楽はリスニング力向上につながる	225
22	大量に聞き流すのは上級者になってから	227

第6章 モチベーションを保つためのルール 18

1　人は応援されたら頑張ってしまうもの……………… 230
2　頑張っている人たちに近づく…………………………… 232
3　TOEIC スコアアップサークルを作る ………………… 235
4　一人の勉強に飽きたら仲間と一緒に勉強する……… 238
5　テレビをつける前に
　　試験に合格した自分をイメージする………………… 240
6　停滞期がきたら順調と考える………………………… 243
7　スランプ脱出法①〜過去の自分と比較する〜　………… 246
8　スランプ脱出法②〜TOEIC の公式認定証は保管する〜… 248
9　英語の勉強をしている人と定期的に会う…………… 251
10　大いに他人の失敗談を聞いて気楽に構える………… 253
11　目標はできるだけ「低く」設定する………………… 255
12　頑張ったら必ず自分に報酬を与える………………… 258
13　伸び悩んだ時こそテキストは一冊にする…………… 261
14　目標は当面一つにする………………………………… 264
15　勉強は試験３日前には切り上げる　………………… 268
16　連続受験することで成果は何倍も上がる…………… 271
17　年間受験スケジュールを手帳に書き込む…………… 273
18　「やっぱり無理なのかな」
　　と感じたら合格の一歩手前…………………………… 276

挫折しないために
知っておくべきこと

1 英語を学習する順番

　私は留学経験なしで今日まで大変英語の勉強にもがいてきました。いろいろ苦労した結果、私なりに効率のよかった方法をいくらかアドバイスしてみたいと思います。

　まず、英語の勉強は会話だけでもダメ、単語だけ、文法だけでもダメ。CDを聞き流すだけでもダメです。**会話表現も単語も、もちろん文法も、すべての知識を使わないと、英語ができるようになったとは感じないでしょう**。そもそも一つの分野をひたすら勉強するだけでは偏った知識になりますし、なにより単調すぎて誰でも飽きてしまいます。暗記することは必要ですが、**ただひたすら丸暗記をすることが英語の勉強ではありません**。それに暗記をしていくことがたまらなく楽しくて、興奮してくるという人はまずいないでしょう。もし英語の勉強がただ暗記することだけなら、私も英語の勉強を20年以上も続けて

こられたとは思えません。実は英語の面白さは別のところにあり、もっとしっかりと頭を使って考えることも必要なのです。

しかしそうは言っても、すべての分野を同時に勉強するというのも難しいものです。そこで、いろんな本に手を出しては挫折を繰り返した人は、まず以下の順序で進めてみてください。

①単語→②会話表現→③文法（中学レベル）→④リスニング

この順序でいけば、徐々に英語ができるようになることを実感すると思います。ただし最初に言ったように、単語だけでもダメなので、単語が少し身についてきたら会話表現も同時に勉強していく、**そして話せるようになるにはそのルールが必要なので、文法を知りたいと思ってくる**。このように、勉強を続けていくうちに徐々に興味関心が膨らんでいく、そんなイメージをしてもらうと大変よいと思います。

さて、まず最初にあげた単語の勉強ですが、英語ができるようになるには単語を覚えることは避けて通れません。私は単語を覚えることに大変苦労しました。暗記がとにかく苦手だと思っている人こそ、意識を変えるだけでかなりの成果が出てきます。第2章で様々な覚え方を提案しているので参考にしてみてください。

単語を少し覚えてきたら、会話になる簡単な文章をいくらか

丸ごと覚えてしまいましょう。この時点では、ある程度丸暗記になってもいたしかたないところもあります。ただ、これがずっと続くようでは必ず飽きてきますので、工夫が必要だと思います。ですからその後は、覚えたフレーズを実際に使ってみて、英語が使える喜びを実感することが大切です。この時、最初に始めた単語学習で覚えた単語を使いながら文章が言えるようにすると、達成感も得やすいものです。少しでも達成感が得られれば、ますますやる気にも繋がります。これは第3章で英会話力をつけるルールとして紹介しています。この章では英会話力をつけるための心構えや知っておくべきことも書いていますので参考にしてください。

　少し単語や会話フレーズを覚えてきたら、文法の勉強も始めましょう。というのも、暗記をしている過程で「どうしてこのような言い方をするのだろう？」といった疑問がわいてくるものです。その時に、そのルールを教えてくれる文法が必要になってくるのです。文法を知ることは絶対に必要です。中には『文法は必要ない、そんなことをしているから日本人は英語が話せないままなのだ』とおっしゃる方もいますが、私はそうは思いません。私は今まで英語ができるたくさんの方に出会ってきましたが、その中で誰一人として文法は必要ないと言った人はいません。英会話をしようと思えば頭の中で英文を作る必要があります。その時に英文を作るルールを知らなければ作りようがありません。これはスポーツでも同じ。バスケットボー

ルで3歩以上歩いてはいけないというルールを知らなければ、バスケットボールをすることはできないでしょう。ルールを知らなければ絶対に進歩はないのです。ですから文法は英文をしゃべるために最低限知っておくべきルールだと思って学習してください。文法についてのアドバイスは第4章に書いています。

　リスニングの勉強は、順序としては最後に持っていきたいと思います。なぜなら、リスニング学習をする際には、必ず読まれた英文を復習する必要があります。ただ聞き流して終わりにしていては進歩がありません。復習する英文を読んだ時、単語も知らない、会話表現も知らない、文法もわからないとなると、解説を読んでもピンとこないことが多いと思います。ですから「なぜそういう意味になるのか？」を理解するためには、単語 → 会話表現 → 文法知識のすべてが必要なのです。したがってリスニングの勉強は最後という順序で勉強していただければ効率がよくなると思います。リスニングはいわばすべての知識を使う英語の総合的な勉強だと考えてください。もちろんある程度語彙力があり、文法も知っているということであれば同時に進めてもらっても構いません。世間には、「ただ聞き流すだけで英語ができるようになる」という教材も多く存在しますが、本当でしょうか？ 断言しましょう。絶対にそれはあり得ません。私は20年以上英語を勉強してきて、今までに英語が自然に身についたと感じたことは一度もありません。ですか

第❶章　挫折しないために知っておくべきこと

ら、ただ聞いていれば…という宣伝文句を見ると、少なからず違和感を覚えます。これは英語学習者に大変誤解を与える表現です。教材自体は悪くはないと思いますが、教材の使い方、勉強の仕方を意識しなければお金の無駄遣いになってしまいます。そのあたりも含めて第5章で説明させてもらいました。

　最後に、英語ができるようになるには、努力を継続し、とにかく勉強をやめないことが必要になってきます。つまり英語ができる人というのは、勉強をし続けている人のことを言います。しかし続けるのは大変です。それができれば苦労しないわけです。そこで、第6章では勉強を継続するためのコツのようなものを書かせてもらいました。参考にしてください。

2 まず自己分析で自分の英語レベルを把握する

　勉強を始める前に、ぜひみなさんにしていただきたいことがあります。それは、

現在のあなた自身の英語力をまず知ってください。

　英語の勉強をする過程で、今の自分がどれくらいの実力で、今後どのくらい伸びたかということを知るためにも、把握しておくとよいと思います。
　勉強にはある程度刺激が必要です。ただ黙々と勉強しているだけより、実際に「勉強してきたことが活かされた！」ということを実感することが、なによりも勉強を継続する原動力になります。ですから勉強をしている過程で、実際に英語を聞いてみるとか、話してみるということは欠かせません。そうでない

と勉強している意味もありませんし、飽きてしまいます。私はその刺激のために、例えば英語の試験を利用するのも一つではないかと思っています。試験ではどれだけ自分が理解でき、使うことができたか、ということが客観的に判断できます。試験というと、合否がどうしても気になるところですが、そもそもこの本を手に取られた読者のみなさんの目標は、「近い将来英語が話せるようになる、聞き取れるようになる」ことでしょうから、そのために試験をただ利用しているにすぎないと考えればいいのです。合否が関係ないのなら受験する意味がない、と思われる方もいるかもしれませんが、お金を払って受験するところに「刺激」が生まれるのです。これも勉強を継続するための一つの方法です。ただ自分で問題集を解いて終わりにするよりも、受験申込みをして必死に勉強し、受験日はいつもより少し緊張して実力を試してみる。合格発表の日にはドキドキしながら結果を待つ。こういうちょっとした刺激が学習者には必要だと私は思います。私たちが進歩するには、ある程度の緊張やストレスがあった方が絶対に効果が高まります。ですから英語の試験をうまく利用することをオススメします。合否を気にしすぎると、ストレスの度合が高くなってしまいますから、そのあたりは気楽に構えるバランスも必要でしょう。

3 英検か TOEIC を受験する

　自分の英語レベルを知るには客観的に判定が出る試験が便利です。そのために英検やTOEICを利用するのがよいと思います。最近ではTOEFLやIELTSという試験も注目されており、もちろんそちらでも結構です。ただ、まだ受験者数も少ないために、受験料にしてもテキストにしても高額で、少し手を出しにくいといった面もあります。受験料に余裕がある人はチャレンジしてみてもよいと思います。その点で比べると、英検やTOEICは日本ではかなり認知されていますし、受験料も比較的経済的です。いきなり申込んでぶっつけ本番で試してみるのもよいですし、受験料がもったいないという人は、まずは問題集を買ってきて自己診断をするのもよいでしょう。

　受験をしようと考えた時に、英検・TOEICだと、どの級を受験すればよいか、という目安を私なりにアドバイスさせてください。

① 今までにまったく英語を学んだことがない人。
　→ 英検5級、4級からスタート

② 学校では一応英語は学んできたつもりだが、いつも苦手で学校のテストでは平均点以下だった…。
　→ 英検3級からスタート

③ 学校で英語は習ってきたし、英語は好き。だけど試験ではなかなかいい成績を取れなかった。
　→ 英検準2級かTOEIC Bridgeにチャレンジ

④ 学校での英語の成績はよく、英語には多少自信もある。
　→ 英検2級かTOEIC

⑤ 英語は得意で、仕事として今後活かしたい。
　→ 英検準1級かTOEIC

　ここに書いたのは、あくまでも目安です。実際は自分で問題を解いてみて判断してもらって結構です。
　とにかく最初はかっこつけたり周囲への見栄を意識しすぎることなく、**合格できてしまうものから始める**ことをオススメします。近年では年配の方がこうした試験にチャレンジする姿も多く見かけるようになりました。私も頑張らなければと、いつもパワーをもらうと同時に、勉強を始めるのに遅いということは絶対にないといつも思ってしまいます。

4 勉強の前に英語圏への旅行申込みをしてしまう

　私が大学時代に英語の勉強を続けることができたのには理由がありました。一年後に大学の短期プログラムで、5週間アメリカへホームステイをすることが決まっていたからです。**勉強というのは何か目標がないとなかなか続かない**ものです。ただ問題集を解いたり、単語を覚えたり英会話ラジオを日々聞いても、それがどう自分にとって利益になっているのか、やっているうちに実感もなくなってきます。しかし私の場合には、一年後は生まれて初めての海外で、アメリカに行くということが決まっていましたので、一年後は嫌でも一緒に過ごす家族と英語で会話をしなければいけないのだという現実が迫っていました。そう考えると、今日一日の会話の練習が、本当に生活の中で役に立つ可能性が高いのです。ですから「こういう場面もあり得るな」と、常に一年後のアメリカを意識して勉強を続ける

ことができたのです。

　みなさんに一つ提案があります。勉強を継続させるには目標があると、より頑張れます。**勉強を始める前に、英語圏に行く旅行の申込みをしてしまいましょう**。あるいは一ヵ月後に英語圏の人たちが集まるパーティーに参加申込みをしてしまう、といったような半ば強制的に逃げられない状況を作るのもいいかもしれません。海外旅行に行くのもパーティーに参加するのもお金がかかることですが、こういうお金は英語が話せるようになる将来の自分への投資と考えて、ふんぱつしてもいいのではないでしょうか。英会話学校には怒られそうですが、例えば一年間英会話学校に行くのをやめて、そのお金をすべて英語圏に行くためのお金に変えてしまうのも一つの方法かと思います。ひょっとすると、目標もなくただ「英語が喋れたらいいな…」くらいのモチベーションで英会話学校に通っているよりも、気合が入って勉強に集中できるかもしれません。少なくとも私はかなりの気合が入りました。英会話学校に通わないなら、どうやって勉強するのだ？と思う方もいらっしゃるかもしれませんが、そういう方にはお金のかからない新しい英語の勉強方法を提案していますので、特に第3章を参考にしてみてください。

5 勉強を「習慣」にする工夫

第❶章 挫折しないために知っておくべきこと

　英語の勉強というと、机に向かって「やるぞ！」と意気込んでしまう方は要注意です。その意気込みは大変素晴らしいことですが、私の経験上、そういう方は早く挫折してしまうことが多いようです。

　冒頭でも書いたように、**英語ができる人というのは、英語を勉強し続けられる人のこと**を意味します。今日明日6時間勉強したからといって英語力は突然伸びたりしないのです。英語の勉強を継続している人を観察してみると、たいていの方が机に向かって猛勉強している方ではありません。いわゆる「受験生」であってはいけないのです。普通は机の上で一生懸命勉強したという達成感もほしいものですが、**英語の場合、達成感を感じるのは外国人と会話ができた時、英語が聞き取れた時**です。決して机の上で満足してはいけません。ですから今までと

23

は少し違った勉強法で、肩の力を少し抜いたくらいでちょうどよいと思います。

　それでは勉強を継続している人は、どのようなスタイルで勉強しているのでしょうか。私なりに継続するコツをアドバイスさせてもらえるなら、一回の勉強を「ちょっと物足りないかな」くらいでやめておくことです。

　美味しいものを食べた時はお代わりをしたくなります。そこでお代わりを実際にしてしまうと食べ過ぎてしまって、その料理については「もういいかな」と完全に満足してしまうことがありますよね。そうすると、その店にもう一度行きたいと思わなくなる可能性があります。同じように、英語の勉強も完全に満足してしまってはいけないのです。「少し足りない」くらいにしておいて、また次もやってみようと思うことが大切です。料理で言えば、『もう少し食べたいけど、体のことを考えてここらへんで抑えておくか』という気持ちでいると、またその料理が食べたくなります。どうしてもまたその店に行きたい、と思うようになります。これを英語の勉強にも同じように当てはめてください。毎回「ちょっと足りないかな」という不完全をあえて続けてみるというのが、勉強を継続する秘訣です。

単語を覚える
ルール25

1 英単語の勉強はダイエットと同じ

　英単語を覚えるには忍耐が必要です。できればあまり苦労はしたくないものですが、残念ながらこれは避けて通れません。単語は一回覚えたら終わり、というものでもありません。それに一旦覚えたと思っていても、長い間見たり使ったりしなければ、必ず忘れてしまいます。ですから大切なことはやめてはいけないのです。やめてはいけないと言うと、そうとう重荷に感じますが、それは学生時代にやっていた単語テストのイメージがあるからではないでしょうか。範囲とテスト日を決められる、そういう意識はもうなくしてください。そもそも英単語に「範囲」なんて存在しないのです。誰も毎日新しく50個覚えなさいとは言っていません。今まで覚えた単語をもう一度見るだけでも立派な単語の勉強です。もちろん語彙を増やすことは理想ですが、覚えた単語を「忘れない」というのも立派な英語

力なのです。

　単語の学習にこれだけ覚えたからもういいだろう、というゴールは存在しません。ですからそもそも存在しないゴールを目指していきなりスタートダッシュしても意味がありません。ゆっくり長く歩けばいいのです。しかも途中で休憩しながらで結構です。しかし、やめないでください。やめると単語は忘れてしまいます。

　考えてみると英単語の勉強はダイエットと同じかもしれません。ダイエットはすぐに結果が出ません。一ヵ月くらい継続して、やっと体重に変化が出るくらいでしょう。それに変化が出たからといって食事に気を配らなければ、絶対にまた元に戻ってしまいます。それでは意味がないのです。一時的に痩せることなら誰でも本気になればできるでしょう。しかし、単語も一時的に増えてもすぐに忘れてしまうのなら意味がありません。大切なことはダイエットに成功した後も同じ体型を維持していくことです。それには食事への気配りを普段からしなければなりません。しかし徹底的に我慢してストレスを感じるようなら、その反動も考えられますし、何よりも継続することは不可能です。ですから、普段から全部は無理でも少しだけ気にして、しかも継続することを目標にすればよいのです。

　ダイエットは私も経験がありますが、なかなか思うようになりません（笑）。いちばん辛いのは始めて2週間でした。今までにはない食事制限を加えるので「我慢する」ということを常

に意識していました。しかし一ヵ月くらい継続すると「我慢する」ことが「習慣」になり、そのうち「普通」になりました。普通になったら気づいたのが、「案外食べなくてもいけるじゃないか」（笑）ということでした。しかし、成果が出始めたかと思うと、頑張っているのに「変化なし」という停滞期のような時期もありました。たまには美味しいものを食べて「美味しい！」と言える時もないと頑張れません。

　単語の勉強は長い目でいきましょう。続けてさえいれば誰でも力がつきます。ですから少しだけ、でも毎日続ける、こういうやり方をぜひ習慣にしてください。

2 身近な単語から覚える

　『単語を覚えるには単語集』という思いで今まで格闘してきた方は多いのではないでしょうか。しかし実は単語集を使わない勉強の方法もあるのです。単語集はほとんどの場合、アルファベット順に並べてあります。もしくは試験に出る頻度が高い順です。ですから学習する側の、あなたの覚えたいとか覚えたくないとか、そういった意思とはまったく関係なく、とにかくやらされたという印象が強いでしょう。いわば**単語集に並んでいる単語は自分とは何のつながりもない、無機質なもの**です。今まではどうしても試験を意識して勉強してきたので、それは仕方のないことです。ここは一度、テストという枠組みを越えて、本当に日常生活で出てきそうな身近なもの、使えるものだけに目を向けてみてはどうでしょうか。

　例えばオフィスの自分の机を見回してみて、ホッチキスは英

語で何と言うのだろう？とか、セロハンテープは？ のりは？ 自分の家で周囲を見回してみてもいいでしょう。毎日使っている冷蔵庫は何と言うのでしょうか？ クシや歯ブラシは？ 通勤、通学途中で周囲を見回してみてください。定期券って英語で何と言うのでしょうか？「携帯電話の充電が切れてしまった」はどう言いましょうか？ そういうところから始まって、今度は自分の体に関することはどうでしょう？ 例えば「肩こりが治らない」とか「昨日、寝違えた」とか。シャーペンで長時間書きすぎて指にタコができてしまったが、指のタコは英語で何と言うのだろうか？ 今では調べようと思えば、電子辞書などを使えば即座に答えが出てきます。このように身近にある単語から覚えていけば、少しは今の自分とかかわりのある単語なわけで、親しみも持ちやすいでしょう。もし時間があればそれを手帳にメモするとか、自分専用の単語帳を作ってもいいでしょう。付箋に「refrigerator」と書いて、冷蔵庫に貼り付けておいてもいいでしょう。

　最近は子ども英会話も盛んに行われるようになりました。子どもたちはまずそういった身近なものから覚えていきます。すごく実用的ですし、今まで20年以上英語を勉強してきた私でも意外と知らないような単語は結構出てきます。身近なものは基本的に毎日目にしますから、そのたびに一度声に出してみてはどうでしょうか。そうして、今までの「覚えることを強制されていた自分」から、これからは誰にも強制されることなく自ら覚えたい単語だけ覚える自分に変化してみましょう。

3 長く接した単語ほど忘れない

　単語の覚え方に「これがいちばんいい」というものはないと思います。人それぞれに合う、合わないがあるからです。私の場合、高校時代に毎週行われていた単語テストは、一度に20ページくらいの範囲が与えられて、英単語を見て日本語を書くか、その逆の日本語を見て英単語を書くかというものでした。テストになるとなんとか丸暗記しているのでギリギリ合格点が取れていたものの、一週間後にはまた新しい範囲にどんどん進んでいくため、一ヵ月後にはほとんど忘れていました。本当に20個覚えたらその当時は19個忘れている感じでした。こういうやり方で自分に本当に語彙力がついていっているのか不安でした。

　今から考えると、**直前に一気に覚えたものはテスト直後に一気に忘れてしまう**ような気がします。例えば単語テストの前日

に覚えたものは、テストの次の日には忘れている。3日前から覚えていったものは、テストの3日後くらいまでは記憶に残っている。要するに長い時間かけて覚えたものは長い時間頭の中に残るのです。これは考えてみればすぐにわかることで、毎日会って話をする会社の同僚の名前は覚えていますが、初めて会った人の名前は、よっぽど印象的な人でない限りそのうち忘れてしまう、というのと似ていると思います。ですから直前の10分で覚えて単語テストに臨み、合格点が取れたとしても、それはその場しのぎにすぎず意味がないのです。テストが終わったら10分後には忘れてしまうでしょう。学生時代は目先の課題に一生懸命になってしまうため、こういうやり方をしてきた人も多いと思いますし、別に悪いとは思いません。しかしどれだけ語彙力がついたのかということに関しては少し疑問が残ります。

　というわけで、私は今までに様々なやり方を試して試行錯誤を繰り返してきました。いったいどういう覚え方なら覚えられるのか。次のセクションでは、よく学生がしているやり方も交えながら話してみたいと思います。

4 気になって仕方がないと誰でも覚えられる

　以前、高校 3 年生の授業をしていてこんなことがありました。入試問題を解説していたのですが、ある動詞に下線が引いてあり、その動詞とほぼ同じ意味のものを選択肢から選びなさいというものでした。

They can spot a lizard.

　その下線部の後ろには **a lizard** という単語がありましたが、その単語の意味は特にわからなくても解ける問題だったので、その意味を言わずに授業中は解きました。**spot** の言い換えになる単語は選択肢の中では **notice** がいちばん近いものでした。**notice** は（〜を見つける）とか（〜に気づく）という意味です。最後に **a lizard** の意味を言おうと思っていたのですがうっ

かり忘れてしまい、そのまま授業を終えてしまいました。そうすると、その数時間後に、ある生徒が来てこう言いました。

「先生！ **lizard** ってトカゲなんですね。もう気になって仕方ないから調べて覚えてしまいましたよ」と。

　ここでふと思ったのが、もし授業中に私がその単語の意味を言っていたら、はたしてその生徒はその単語を覚えていたのだろうかということです。おそらく覚えていなかったのではないでしょうか。つまりその生徒にとっては気になって仕方がないということで単語を覚えたのです。まあ、他の単語は覚えていない可能性もありますが…（笑）。それでも少なくとも **lizard** という単語は覚えてくれたわけで、結果としては授業中にその単語の意味を言わなくてよかったかなと思いました。このように、人は気になってしまうと知りたくなるものです。こういうことを利用すれば、単語も覚えてしまうのかもしれません。

5 毎日出会うと嫌でも覚えられる

　みなさんは人の名前を覚えるのは得意ですか？　昨年一回だけお会いした人の名前がすぐに頭に浮かぶ人は少ないのではないでしょうか。私は「もの覚えが悪いので…」と考えている人もいると思いますが、そうではないと思います。例えばあなたはお母さんの名前を思い出せなかったりしますか？　よほど疎遠でない限りそれはないと思います。**なぜお母さんの名前は忘れないのでしょうか**。それは**毎日会う（毎日会っていた）から**です。社会人の人に聞きます。あなたは彼氏・彼女（夫・妻）、上司の名前を言えなかったりしますか。さすがにそれはないでしょう。なぜかというと、毎日出会うか、嫌でも頭の中に出てくるからです（笑）。だからいい加減覚えてしまうのです。

　考えてみてください。今までに、たった一週間だけつきあって別れた彼氏の名前は思い出せないかもしれませんが、5年つ

きあって別れた相手の名前はそう簡単には忘れることができないでしょう。

　実は単語を覚えることも、ほぼ同じように考えてもらえばいいのです。短期間で単語を覚えるとすぐに忘れてしまうのはそのせいです。もちろん、強烈なインパクトが残った時は、短期の記憶でも忘れないという例外はあります。例えばつきあった彼女が、実は女ではなかったとか(笑)。その場合、一生記憶に残ると思いますが…。

　人の名前を覚えるのも単語を覚えるのも同じです。**要はどれだけ出会った回数が多く、親しみを持てるか（印象が強烈か）**で決まるのです。どうしても覚えられない単語ほど、毎日出会うように工夫をしてみるといいと思います。

6 英単語メモをお風呂の脱衣場に貼る

　私が通訳案内士国家試験の勉強をしていた頃のことですが、いくつかの単語で、どうしても覚えられないものがありました。この国家試験は二次試験が面接で、いろいろな日本の事を聞かれ、通訳ガイドになったつもりで英語で説明しなければなりません。ある時、日本の代表的な花は「桜」と覚えていたのですが、「次に有名な花を一つ紹介してください」という練習問題に答えられず、模範解答例として「紫陽花（あじさい）」があげられていました。なるほど梅雨の季節の紫陽花もなかなかのものだなと思い、自分の答えもそれでいこうと決めたものの、紫陽花という単語がなかなか覚えられなかったのです。

　紫陽花は **hydrangea** といいます。まず、何と発音するのかわからなかったくらいです。これが何回覚えたつもりになってもなかなか頭に浮かんでこないことに嫌気がさし、何か工夫を

しようと思いました。それでどうしたかというと、紙に大きく「hydrangea」と書いて、お風呂の脱衣場に貼ってみました。お風呂だと、まず一日一回は必ず目にとまります。お風呂に入るたびに、「なんだ？ この変な単語は？ あ…そうか覚えられない単語、紫陽花だな」と思い、そして発音はどうだったのか忘れてしまっているので、着替えをストップして電子辞書で確認しました。ちなみに次の日もまた忘れていました。また発音を調べに辞書のところに行くのが億劫になって、いい加減覚えないと！と自分に腹が立ってきました。こうやって2ヵ月間毎日 hydrangea を見続け、ついに覚えることができました。通訳案内士の試験が終わった後も、実はその紙をはがすのを忘れてそのままにしていたので（かれこれ一年以上貼ったままでした）、するともう「紫陽花」を忘れようにも忘れられないくらい覚えてしまいました。

　なかなか覚えられないものは毎日お目にかかるようにしましょう。このように1日、2日では覚えられないかもしれませんが、毎日見ていると嫌でも覚えてしまうものです。

7 覚えられない単語はマジックで塗りつぶす

　単語を覚える時の大切なことの一つとして、何か印象に残って**他と違うというような差別化ができると記憶に残りやすくなります**。よく蛍光ペンや赤ペンで線を引くのもそれが目的です。

　最近は電子辞書を使っている人も多いと思いますが、昔は紙の辞書で新しい単語を見つけてはよく赤ペンで線を引いていました。「何度も赤ペンで線を引いているうちに覚えるものだよ、坂口くん」と先生に言われたのでそうしていましたが、私はいっこうに覚えられなかったことをよく覚えています（笑）。

　私と同じような経験をしている人はけっこういるのではないかと思います。今になって原因を考えてみると、線を引くことで満足していたからよくなかったのではないかと思います。そもそも**下線を引く**というのは、一度見ましたという印で**他の単語とは自分の中で差別化をすることが目的**です。しかしたくさ

ん線を引いているうちに、その印の量が増えるので特に目立たなくなり、差別化されなくなってしまう。そうなると特に印象に残ることもなく覚えません。当たり前ですが線を引いても覚えようという意識がないと覚えられないのです。

　極端な例ですが、いっそのこと黒の油性マジックで、もう二度と見えないように塗りつぶすなんてしたらどうでしょうか。「今覚えなければ一生覚えられないかもしれない」という恐怖で覚えてしまうかもしれません。もちろんたくさん塗りつぶしてしまっては何がなんだかわからなくなってしまうので、一つの長文の中でどうしてもこれだけは覚えたいという単語一つだけなどには効果的かもしれません。

　線を引いても覚えられない！という人は差別化が足りないので、もう線を引いても意味がないと思います。線を引くことで満足してはいけません。線を引くことに飽きてしまったら、別の差別化をしてあげる必要があります。

　例えば覚えたい単語があれば、

① 付箋をつける。
② 机に貼る。
③ トイレに貼る。
④ 鏡に貼る。
⑤ パソコンの画面に貼る。
⑥ 電気のスイッチに貼る。

⑦ 冷蔵庫に貼る。
⑧ 洗面台に貼る。
⑨ 車のハンドルに貼る(笑)。
⑩ 自転車に貼る。
⑪ 手に書く。
⑫ 手帳の明日の欄に一つだけ覚えたい単語を書く。
⑬ 単語を書いたメモを財布の小銭入れに入れて、開けたら見えるようにしておく。

いずれにしても、必ず一日一回は見るところにするとよいと思います。びっくりするようなところに貼っていると、思わず覚えてしまうかもしれません。

8 「この単語を使いたい！」と思えば覚えられる

　学生時代に無理やりやらされた単語テストのようなやり方では、なかなか語彙は身につかないものです。理由は「やらされている」からです。テストで点数を取りたいという程度のモチベーションでは記憶になかなか定着しません。この本を読まれている読者の方は、ただ目先のテストで点数が取りたいのではなく、もっと自分から「使える」英語を身につけたいと思い、この本を手に取ってくださったはずです。

　大人になってどうも記憶力が落ちたから私は覚えるのが苦手だと思っている人もいると思いますが、それは違います。車が好きな人が、車を見た瞬間にその車のメーカーと車種を言えてしまうのはなぜでしょうか。競馬好きの人、高校野球好きの人、サッカーの好きな人が、なぜ事細かに試合の記録を覚え、選手の名前、背番号まで言えるのでしょうか？　近所のスー

パーならどこがいちばん野菜が安いか、たった1円の違いでも覚えているのはなぜでしょうか。人は自分に必要な知識なら覚えるのです。意識さえすれば必ず記憶できるものです。

したがって、単語は**誰かから強制されて覚えている時と、自分から「覚えよう」と意識をした時ではまったく効果が異なります**。今はもう、誰からも強制されることはありませんから、それならば使いたい単語から覚えてみてはいかがでしょうか。

例えば、今週末にアメリカ人の友人と食事に行くとでもしましょう。その時にどこの店に行こうか、何が自分の好みか、あるいは相手の好みは何か。そういうことを話すのは自然な流れでしょう。それを英語で言うとどうでしょうか。『あれ、中華料理って英語で何と言うのだろう？』『デザートの食べ放題はどう言えばいいのだろうか？』こういった疑問がどんどんわいてくるのではないでしょうか。それなら食事に関することで、自分の話題にしたい単語だけ、とりあえずは覚えてみてはどうでしょうか。そういったものなら今の自分に直接関係があることですし、誰かから強制されていることでもないわけです。それを単語集で調べても構いませんし、今なら電子辞書の和英で調べるとすぐに出てきます。

話題はどんなことでも構いません。今度旅行に行くことを計画しているのなら、日程や予算、交通手段などはとても大切なことです。仕事で外国人とつきあいがある人なら、研修会や出張での仕事のことを考えてみてもいいでしょう。相手とゴルフ

が共通の趣味なら、今度いい練習場やコースの紹介をしてあげるのもいいかもしれません。その時には行くための交通手段や料金の説明が必要になります。自分の身近なところで考えれば覚えたい単語が出てくるはずです。

　そうやって最初は一つだけ得意分野を作るのがオススメです。例えば私の場合ですと、今まで高校で外国人講師の方と一緒に授業をすることが多々ありました。その場合、やはり授業や生徒に関することを説明するための単語数が増えました。よく発言する生徒、反応の薄いクラス、教材の良し悪し、授業の手順…など何と言うのだろうかと調べたものです。

　単語は確実に使うものから覚えてください。**使いたいから覚えなければならない**し、実際に使えれば達成感もあります。逆に言えば、**今は使う予定のない単語を覚えても意味はない**ですし、覚えたとしてもすぐに忘れてしまうのがオチです。そういう単語は今覚える必要もないでしょう。

9 印象に残った英単語は記憶に定着する

　以前授業で「**kick the bucket**」という熟語を紹介しました。みなさんはこのイディオムの意味を知っていますか？　実は「死ぬ」という意味なのです。なぜ「バケツを蹴る」と死ぬのか？　いろいろ説はあるようですが、その一つを紹介したいと思います。

　16世紀のイギリスの話です。当時イギリスでは犯罪者への処刑は絞首刑でした。現代のような処刑場はなかったので、その該当者の首に縄を巻き、ひっくり返したバケツの上に立たせたそうです。縄は木などに結び、たるみの無いようにします。そして、死刑執行をする人が最後にそのバケツを蹴ったそうです。その結果「バケツを蹴る＝死ぬ」になったそうです。こういう説明をすると生徒全員が「へぇー」というような顔をしていました。突然恐ろしい話をして申し訳ありません。言いたい

ことはこれからです。

　この熟語の意味の背景を授業で説明し、その授業の一週間後、一ヵ月後に生徒に **kick the bucket** の意味を聞いてみました。すると面白いことに、すぐに「死ぬ」と答えてくれました。ほとんどの生徒が悩む様子もなくすぐに答えられたのです。普段は単語の暗記が不得意な生徒でさえ答えてくれました。いったいなぜでしょうか？　もし私が「**kick the bucket** は〈死ぬ〉という意味だから覚えましょう」と、それだけしか言わなかったら、このようにたくさんの生徒の記憶に一週間後、一ヵ月後には残っていなかったのではないでしょうか。ここからわかることは、要するに印象に残った単語は記憶に定着しやすい！ということです。

　実はこの熟語を説明した時には、さらに理解を深めました。同じ「死ぬ」でも、日本語では「亡くなる」と言う時もありますよね。英語にも同じように、「死ぬ」は **die** ですが、少し婉曲的に言う「亡くなる」は **pass away** という表現があります。そして今回の **kick the bucket** は「くたばる」というような感じで使われます。

　ここまで一つの熟語に説明の時間を費やすと、ほとんどの生徒が不思議と覚えてくれます。すべての単語・熟語をこのように印象づけて覚えることは不可能にしても、記憶に残りやすいことを考えると、その単語の意味をさかのぼって考えるのも遠回りなようで、暗記するには実は近道なのかもしれません。

ついでにもう一つ紹介します。次の英文はどんな意味でしょうか？

This car is a lemon!

実は lemon には「欠陥品」という意外な意味があります。なぜ、lemon が欠陥品という意味になったのか？ 調べると面白いことがわかりました。

lemon は果物です。→果物は普通、食べると甘い味がします。→果物だから「甘い」と思って食べたのに「すっぱかった。どういうことだ！」という感じでしょうか？ そこから lemon には「期待を裏切るもの」→「欠陥品」という意味が出てきました。

私自身、アメリカの CBS ニュースで、あるニュースキャスターが実際にこの単語を使うのを聞いた時には少し感動しました。当時のアメリカのブッシュ大統領が、どうやら命中率が相当低い「対空ミサイル網」を国内全土に配備しようとした時に、マスコミに非難されたようです。「ブッシュ大統領は lemon を買おうとしている」と。なるほど。このように使うのか、と納得した一件でした。どうでしょうか？ こういう背景を知ったうえで、「lemon」＝「欠陥品」だと教えてもらえば、覚えるのが苦手な人でも覚えられたのではないでしょうか。

10 感情やイメージも一緒に覚えると忘れない

　何度書いて読んでも単語は忘れてしまう、そういうもどかしい思いをしてきた人は多いでしょう。私も例外ではありません。私の場合、どれくらい忘れるかと言えば、通常 10 個覚えたら必ず 7 個は忘れる感じです。ただ、そんな私でも 3 個くらいは覚えている。忘れてしまう単語が圧倒的に多い中で、なぜこの 3 つは頭に残っていたのか冷静に考えてみて、あることに気づきました。それは、**記憶に残っている単語は映像と一緒に覚えたものが大変多い**ということです。

　以前、ニュージーランドの友人と鉄板焼きを食べに行きました。その時、食べたことがないと言うので「砂ぎも」も注文してみました。あまりおいしくなかったのか、一つ食べてもういらないと言うので、遠慮しているのかと思って念のために再度勧めてみたら、やっぱりいいと断られました（笑）。その時「砂

ぎも」という単語を英語で何と言うのか気になり聞いてみると、**gizzard**（ギザード）と言うそうです。その場で辞書でも確認しました。こんな単語は入試問題や教科書を読んでいても絶対に出会うことはないなと思いながらも、その友人の珍しいものを食べる表情と重なって、不思議と覚えてしまいました。

　他にも、実際に映像で見ていなくてもイメージで覚えてしまった単語もあります。それは **sleek** という単語です。この単語は「なめらかな」という意味で、**sleek and attractive design** というフレーズで紹介されていました。この単語を覚える時に「なめらかで魅力的なデザイン」とは何だろう？？と思い、例えばどのようなものか自分の中でイメージをふくらませてみました。私は車が好きなので「ポルシェ」のようなデザインではないか？と自分で頭に映像として入れたのです。その後 **sleek and attractive design** と何度も声に出しながらポルシェの車体をイメージしました。するとなんだかその単語が自分の中にすんなり馴染んできたのです。その後も何日か続けて声に出してはポルシェを頭に描いていると、そのうち **sleek** という単語を見ただけでポルシェのなめらかな車体が浮かぶようになり完璧に覚えてしまいました。

　みなさんも単語を覚える時に何か印象に残すため「映像」や「イメージ」を使ってみてはどうでしょうか。これは自分の中でのこじつけでいっこうに構いません。こじつけでも覚えられるのであれば、これを使わない手はありません。

11 大嫌いな上司を思い浮かべて覚える

　感情と記憶は結びついているそうです。楽しかったことや悲しかったことはよく覚えていますよね。もう何十年も前のことなのに、学生時代に友人とはしゃいだことを覚えているのは、それがあまりにも楽しかったからでしょう。逆にまったく覚えていないものは、その時あなたが特に何も感じなかったからではないでしょうか。何も感じなければ、何も記憶に残る理由がないのです。人間の頭はよくできています。

　そう考えると、単語を覚えるためにも、少しこの原理を利用してやるのはどうでしょうか。ただ単語を見て日本語を覚えろと言われても、覚えるあなたは「ああ、そうですか」と何の感情もわいてこないわけです。例えば **annoying** という単語は「イライラさせる」とか「うっとうしい」といった意味ですが、この単語を覚える時に、感情をうまく利用してみましょう。も

し、あなたにいつも口うるさい上司がいたら、その人の顔をまず思い浮かべてください。そうすると気持ちも少しイライラしてくるでしょう(笑)。その時に、その状況を英語で言ってみるのです。

My boss is annoying.

「ホントあいつ、うぜぇんだよ！」こんな気持ちを込めて2、3回声に出しましょう（10回言っても構いません！）。そして、できればこの文章の文字を見ずに言ってみましょう。そうするとどうでしょう。先程までの **annoying**「イライラさせる」といった無機質なものが、少し自分の中に取り込まれたような気がしませんか。私はこうやって **annoying** という単語の意味を覚えた結果、この単語が英文の中で出てきた時、日本語の意味が出る前に嫌いな上司の顔が先に思い浮かんでしまったくらいです。

　このように、覚えなければいけない単語が出てきた時に、その単語を使った状況や人物を思い浮かべながら覚えると、感情をうまく利用することになります。これは無理やりといえば無理やりですが、ただ単に書いたり見たりするよりは効果があるように私は思います。

第2章　単語を覚えるルール25

12 会議をサボった部下の顔を思い浮かべて覚える

　「いかにして英単語を頭の中に印象づけるか」これは単語を覚える時にとても大切なことです。そのためには前のセクションでお話ししたように、例文で状況をイメージするのが私のオススメです。例えば **presence** という単語を覚えたい時は、下のような簡単な例文を辞書や単語集で見つけるとよいと思います。

Your presence is required at the next meeting.
（次の会議にあなたは出席しないといけないですよ。）

　このように、例文で内容のあるものになると、ただ「**presence** ＝出席」と覚える事務的な作業が、少しは中身のあるものになりませんか。例文だと長いから書くのが面倒だと

いう人は、別に書かなくてもいいのです。声に出して読んだり、その部分の和訳を隠して意味が言えるかチェックしたりするだけでもいいと思います。ついでに誰かに伝える演技をしてもいいと思います。同僚や部下に向かって **Your presence is required at the next meeting.** と伝えると想定して声に出してみるのです。前回会議をサボった部下の顔をイメージして、ちょっと怒って言ったりするのも効果があります。

　こういうちょっとした工夫でも、やってみれば案外効果があることに気づくと思います。それにただ単語を覚えるよりも、例文にすることで一つの会話文になり、このセリフがそのまま会話として使えるところも魅力です。単語を覚える時は、実際に会話で使えるな！と思えるものと、そうでないものとでは覚えるモチベーションも変わってきます。そう考えると、覚えなければならない単語を使って、今後役に立ちそうなフレーズを作ってしまうのもいいでしょう。

　単語を覚えるのは大変根気がいるものです。ただ意味もなく丸暗記をするのであれば、これほど単調でつまらないものはありません。いかに脳に刺激を与えながら覚えていくかがとても大切です。

13 単語は語と語のつながり（コロケーション）で覚える

　みなさんは、単語集によくあるような、単語一つに対して一つの日本語訳を覚えても、実はあまり使えないということをご存じですか。例えば、

　total という単語の意味は「総計の」。
　stranger という単語は「見知らぬ人」。

では **a total stranger** の意味は何でしょうか？

　この2つの単語を知っていても **a total stranger** では途端にどう訳すのかわからなくなりませんか？「総計の見知らぬ人」では意味不明です。実はこれこそ、単語を覚える時に注意しなければならないことなのです。これは語と語のつながり（コロ

ケーション）と言われるもので、ある単語と単語がくっつくとこう訳す！と決まっているものが英語には結構あるのです。

先ほどの **a total stranger** は「まったく知らない人」と訳します。なぜ **total** をまったくと訳すのだ？という質問が出てきそうですが、その理由は、**stranger** と結びついたから、としか言いようがありません。辞書を調べてもらえば、**total** のところに「まったくの」とあります。それならば、「total ＝総計の、まったくの」と覚えてはどうかとも思いますが、困ったことにそれでは、どんな時に total を「まったくの」と訳すのかがわからないので、意味がありません。

他にも **a whole new life** を何と訳すか考えてみてください。**whole** は「全体の」と訳したいところですが、実はそれではダメなのです。正解は「まったく新しい生活」です。この時も **whole** を「まったく、完全な」と訳します。これは４月から大学生、社会人になって生活環境が完全に変わった時などに使えそうな表現です。なぜそう訳すのだ？と言われれば、**whole** が **new** と結びついたからだ、としか言いようがありません。では、**pretty good** の意味はどうでしょうか。「かわいい、よい」ではありません。これは「かなりよい」という意味で使われます。

コロケーションというのはとても厄介なものですが、理屈ではうまく説明できないようなものも多く、これは覚えてしまう以外に方法がありません。

14 英語で「ハードスケジュール」とは言えない

「来週はハードスケジュールだ」

このフレーズは日本語ではよく使いますが、意外にも英語では **hard schedule** とは言いません。**hard** には「大変な」という意味があるので、**schedule** と一緒に使って何が悪いのかと思ってしまいそうですが、英語ではそうは言わないのです。それは前のセクションで説明したコロケーションというもので、理由は **hard** と **schedule** という単語の組み合わせは相性が悪いとでも言えばよいでしょうか。そういう相性を覚えてしまうというのがコロケーションの勉強です。今回の場合、**hard** ではなく次のような単語を使います。

- × hard schedule
- ○ busy schedule

- **heavy** schedule
- **full** schedule
- **tight** schedule

これだけの単語が使えるのにもかかわらず、**hard** だけは使えないというのがなんとも不思議ですが、言わないものは言わないので、私たちは受け入れるしかありません。コロケーションは日本人がよく間違えて使ってしまうものの一つで、特に、すぐに和英辞典を調べて英文を作る人に、こうした間違いが多く見られます。

もう一つ例を挙げておきます。例えばお得意先に連絡を取らなければならなかったのに、あなたがあまりにも忙しすぎて、ついついうっかり忘れていたとしましょう。「連絡した？」と聞かれ、「完璧に忘れていた」と言う時の「完璧に」は何でしょうか？「完璧に」は文字通りでいけば **perfectly** です。では **I perfectly forgot it!** と言えばいいのかというと、そうでもないのです。実は **perfectly** と **forget** という単語の組み合わせは相性が悪いのです。ただ、なんとなく不自然さを感じたりもしませんか？ 簡単に言うと、**perfectly** は「満たされた」感じなのに対して、**forget** は「忘れる」ですから、どこか「欠けた」感じをイメージしてください。そうするとこの単語の組み合わせは、どこか「矛盾」しているように感じないでしょうか。この場合、正しくはこうです。

○ **I completely forgot it!**

この時に **completely** を単語集で調べると「完全に」とあります。ここでは「完全に忘れた」と考えるべきだったのです。そう考えると、「すっかり忘れていた」という和訳もできそうなものです。

つまりこの場合、**completely** に「すっかり」という意味が出てきます。そもそも **completely** をただ「完全に」と覚えていても、何が完全なのかがはっきりしません。ですから単語は単独で覚えていても、文章の中ではどう訳してよいかわからないという現象が起こります。単語を覚える時は前後の言葉を含めて覚えなければ、実はあまり意味がないということに気づいていただけたらと思います。

15 日本語で「ズボンを着る」とは言わない

　読者の方の中には、「単語を覚える時は語と語の組み合わせまで考えないといけないなんて、英語はなんて難しいのだ！」と思う方もいらっしゃるかもしれませんが、実は日本語にもコロケーションはたくさんあります。

　例えば **put on** という熟語、これは「～を身につける」という時に使います。英語では何でも身につける時は **put on** で事足りてしまいますが、日本語だと、そうもいきません。

　　腕時計をはめる。
　　上着を着る。
　　帽子をかぶる。
　　ズボンをはく。
　　めがねをかける。
　　イヤリングをつける。

考えてみますと、日本語では何を身につけるかでこんなに言い方が変わるわけですが、英語ではすべて **put on** でいけます。

　この時に外国人から、「なぜ〈帽子を着る〉と言ってはいけないのか？」と聞かれても、そうは言わないとしか言いようがないですよね。もちろん感覚的なことも含めて説明はできますが、最終的には「そういう言い方をするのだ！」と覚えてもらうしかありません。

　TOEIC でも、こういうコロケーションの知識を問う問題は多く見られます。これは考えて解けるという問題ではなく、知っている人は 3 秒で解けますが、知らない人は永遠に解けません。

　例えば **fierce** という単語を取り上げてみます。**fierce** は「獰猛な」という意味ですが **competition**「競争」という単語と一緒に使われた場合、**fierce competition** は**獰猛な競争**（×）ではなく、激しい競争（○）と訳すのがふさわしいのです。もともとは野生のライオンなどの説明に使われる単語でしょうが、TOEIC のビジネス英語ではメーカーの大変な価格競争などをイメージしてもらえるとよいと思います。

　みなさんがもし今、一つの英単語に対し一つの日本語の意味だけが書かれた単語集を使っているなら、私は語と語のつながりをセットで覚えるように編集された単語集をオススメします。ぜひ単語はコロケーションで覚えてみてください。

16 英単語は腕が疲れるほど書かなくても覚えられる

　学生時代、「単語テストで点数が悪かったら間違った単語一つにつき10回ずつ書いて提出！」なんて先生から言われたことはありませんか？　あれは効果があったのでしょうか…？　個人的な意見ですが、効果はあまりなかったように思います。なぜなら書いているうちにその単語を覚えることよりも、あと4つ、あと3つ書けば終わりだ！というように、ノルマのように感じていくからです。その時はただ「早く帰りたい」とか「この場から解放されたい」という気持ちしかなかったのではないでしょうか？（笑）。私自身も自分でやっていて、効果がないなと思ったのと同時に、自分の生徒にやらせてみても、やはりこのやり方はイマイチだと感じることがありました。

　ある時、女子生徒が提出したペナルティーの単語プリントを見ていた時のことです。そこには **presence** という単語を覚

えるために、

presence 出席　presence 出席　presence 出席

と、繰り返し書いてありましたが、なんと後半には「**出度**」と書いてあったのです。さらに！ 途中からスペルも間違えて **presense** になっていて、挙げ句の果てには、その間違えた箇所以降は、その間違えた日本語「出度」、間違えたスペル「**presense**」の英単語が並んでいました。しかもいちばん残念なのは、その生徒は **presence** の意味を覚えていませんでした(笑)。これは課題として出す先生側にも問題がありますが（私も以前はそういうことをしていたので人のことは言えませんが）、先生の言い分とすれば、とにかく努力をしたという証明がほしいのです。そうでないと、罰になりません。

　しかし、社会人になったらそういう先生からの提出義務や罰はないのですから、いかに「省エネ」で「楽に」覚えるか、そういう方法を見つけた方がいいはずです。大切なのは間違えた単語を覚える時に、本当に覚えようとして書いているのか、それともただの「作業」として書いているのか、そこで大きな違いが出てきます。ではどうするべきか？ 実は単語を書く回数は何回でもいいのです。もし単語を覚える時に、「書いて覚える」という習慣がある人は、今後は 5 回書いて覚えていないのなら、今はそもそも自分に覚える気がないと考えてくださ

い。そういうことを意識すると、無駄に何十回と書くこともなくなりますし、時間の節約になります。

「単語は昔から書いて覚えるものなのだ」といまだに20回、30回書いて覚えている人もいます。確かに書くことは脳を刺激しますので悪いことではありません。しかし問題は、本当にそれで覚えることができたのか？ということです。ただ書いているだけでまったく覚えていないのでは意味がありません。時々、予備校でもたくさん単語を書いたことを自慢してくる生徒がいますが、そういう生徒の大半は実際はほとんど覚えていないような気がします。本人が覚えたという単語の中から私が問題を出してみると、ほとんど意味を答えられなくて本人もがっかりしている、なんてことがよくあるからです。そういう人は書いたことに満足して、努力した自分に酔っているだけなのです。そして、ただ「書く」ということが事務的な作業になっているのではないでしょうか。**数多く書けば自然に頭に入ると考えているのかもしれませんが、絶対にそれはありません。**あなたが覚えたいという強い意識を持たなければ、実は何百回書いてもそれは覚えられるものではありません。昔からよく、書けば手がスペルを覚えてくれると言いますが、手は覚えてくれませんよ。覚えてくれるのは、あなたの頭です（笑）。ですから書いても覚えられない場合は、やり方を変えてみるべきなのです。

17 スペル（綴り）が書けなくても意味がわかれば十分

　単語を何度も書いて覚えるのはかなりの負担です。スペルを一文字も間違えられません。そこで私から提案があります。少し大胆な言い方になりますが、**少しくらいスペルは間違って、書けなくてもいいから、それよりも単語を見てパッと日本語訳が出てくるようにしませんか？** 実は10個の単語をしっかりスペルを間違えないように丁寧に覚えるよりも、少しスペルは自信がないけれど、単語を見たら意味はわかるという単語が50個ある方が、断然英語力がついたと実感できるのです。

　このようなアドバイスは一見乱暴に思われるかもしれませんが、私自身は本気でそう思っています。例えば日本語で考えてみてください。漢字を書けと言われればかなりハードルが高くなりますが、読めるかと言われれば、読めるものはけっこうあるものです。私は「憂鬱」という漢字は書けません（ちなみに

書こうとも思いません）が、間違いなく読めますし、意味もわかります。それで生活に支障はなく、事足りてしまいます。新聞や書物は読めるし、内容も理解できるのです。もちろん「憂鬱」という漢字が書ける方がよいのですが、とりあえず読めたらひとまずOKと思いますよね。これと同じように英単語も意味を答えられる単語数を増やす方が優先すべきなのではないか、と私は考えています。実はこのような意識があれば、英単語を覚えることもずいぶん楽になります。

単語はスペルも書ける方がもちろんいいのですが、それによって失われる時間も出てくるはずです。何を優先すべきか？ということを考えた時、「まずは意味が言えたらOKにしよう！」こう考えるだけで、ずいぶん気楽になるばかりか、実際に英文を読んだり理解できる範囲も広がり、英語が楽しくなってきます。できる・わかるという気持ちになれば、もっと勉強してみようという意欲もわいてきますので、ぜひ優先順位をつけて勉強してみてください。

18 新「英単語カード」を作る

　私は学生時代から、単語集を一冊やるということがなぜか不得意でした。性格上の問題も大きいと思います。ページをどんどん進めていく過程で、本当に頭に入っていっているのか確信が持てず、達成感がほとんどありませんでした。いわば、何か暖簾(のれん)を押しているような感じで手ごたえがまったくなかったのです。手ごたえがないのですから、やっていてもちっとも面白くはありません。それでもいつかは頭に入ることを願って続けていましたが、うまくいきませんでした。このやり方では、長文の中である単語が出た時に、「あ、見たことある」とまでは思うのですが、決して意味までは出てこなかったのです。そういうもどかしい自分を何度も経験し、いい加減嫌で仕方なくなって、ついには思い切ってそのやり方をきっぱりやめてしまいました。それで新しい、あるやり方を試みました。まずは最

初の1ページの単語10個にこだわり、それらを覚えるまで基本的には先に進まないという方針に切り替えました。その時にただ単語集を眺めていても頭に入らなかったので100円均一の店に行って単語カードを購入し、その10個を書いたのです。書き方には少し工夫をしてあります。

① 一つの単語につき、必ず一つの例文をカードに書く（例文はできるだけ短く簡単なもの）。
② 例文の中で覚えたい単語だけ赤ペンで書く。
③ 裏には赤で、その覚えたい単語の発音と意味を書く。

この単語カード作成には時間もかなりかかるため、それなりの負担も感じました。しかし、今まで何度単語集を見ても覚えられなかったので、何か新しいことを試みなければ何も変化はないと思い、単語カードを作ってみようと思ったのです。最初は負担がかなり大きいと思いましたが、書くといっても何回も書くのではなく基本的には一回書くだけです。そしてカードが10枚になったらその束をめくりながら覚えていきました。この時に、私はさらに次の手順を踏んでいます。

> 赤ペンで書かれた単語だけをパッと見て意味が瞬時に出てきたらOK。そのカードは取り除きます。青信号。GOサインです。

⬇

> 単語を見てパッと意味が出てこなかったら、次は例文を読んでもいいことにしています。その例文を読んで前後から推測することでなんとか意味が出たものは、黄色信号。再び束に戻します。

⬇

> 例文を見てもまったく意味が出てこなかったものはもちろん戻す。赤信号。

　以上の手順です。赤信号のものはまったく話にならないので束に戻すのは当たり前なのですが、問題は黄色信号の単語です。これらはあと少しで頭の中に入りそうで入らない、とてつもなく「惜しい」存在です。この惜しい存在がキーポイントです。今まではこういう単語もなんとなく覚えたものとして、次に進んでいました。今回のやり方は、完全には覚えていないそういう単語を徹底的に集中して繰り返します。単語を覚えるごとにカードを束から外していくので、徐々に覚えられないカー

ドは減ります。なかなか覚えられないカードも、最後は枚数が少ない中でめくっていれば何回も出てくるので、飽きるほど目にするようになります。そうやって回数をこなしていくうちに、ついには覚えてしまいました。

　単語カード学習は、カードを作成すること自体がそれなりに負担ですが、覚えられない単語をただ 10 回 20 回と書くよりは、断然効果があると思います。単語集だと覚えていないものだけを引っ張り出すことはできませんが、単語カードの場合は自分の頭の中に入りそうで入らない惜しいものばかり残っているので、集中してそれらを攻撃できて効率よく覚えられました。私の場合、単語集だとどうしても「最初の方はよく覚えているけれど後半は手薄になる」という繰り返しだったので、このやり方は大変効果的でした。

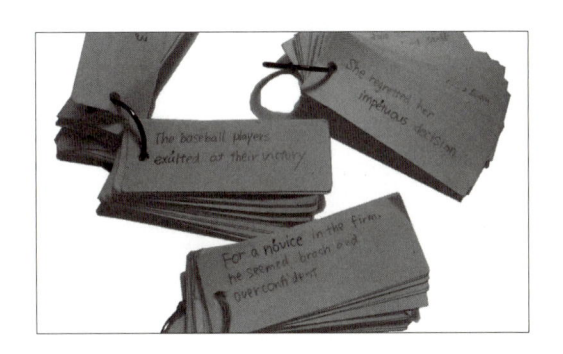

19 単語カードは絶対例文つきのものにする

みなさんは withstand という単語の意味を知っていますか。意味は「耐える」です。ほう、そうか、耐えるか。では覚えよう。しかし、「**withstand ＝耐える！**」このような覚え方はオススメしません。なぜかというと、英語は単語によって後ろにくる単語（目的語）に制限があるからです。考えてみると、同じ「耐える」でも **put up with** や **stand**、そして **bear**、**endure** なども「耐える」です。しかし本当にこの単語を使いこなそうとすると、そもそも「何に」耐える時に使うのかということを知らなければ使えません。

そこで、前のセクションで単語カードの作り方を具体的に説明しましたが、この **withstand** という単語を覚えるために、私の単語カードには例文つきで、次のように書かれています。

This building can withstand an earthquake of magnitude 6.

　withstand をパッと見て、もし意味がすぐ出なかったら例文を見るようにしています。するとこの例文から…「この建物はマグニチュード6の地震に…できる」、もしかして「耐える??」かな。そしてカードを裏にしてみると「〜に耐える」と書いてあり、正解！となるわけです。

　このように例文で覚えておくと、**withstand の目的語**は何か災害のようなもの？ということもわかってくるのです。ある時、英字新聞を読んでいて、この withstand という単語を見た時に、やはりその記事は災害についての話題でした（もちろんすべてがそうだとは言いませんが…）。このように、例文で覚えることで、その動詞の使われる場面や状況まで頭に入ってきます。もしあなたが「**withstand ＝耐える**」だけで覚えていた場合、このような情報は入ってこないでしょう。それに文字をただ眺めるだけ、ただ書くだけなら、なかなかイメージもわいてこないと思います。このことからも、ぜひ単語は例文の中で覚えるべきだと思います。

　ちなみに単語カードの活用法の補足ですが、「例文を見てから初めて日本語の意味が出るようでは、単なるその場しのぎで本当に覚えたことにはならないのではないか？」という意見もありました。私も確かに最初はその通りだと思っていたのです

が、実際やってみるとその場しのぎではないことに気づいてきます。例文を見て意味がやっと出てくるものは、自分のなかでは黄色信号で覚えたことにはしていないので、また束に戻します。そうするとまた次にこの withstand という単語を必ず目にすることになります。再び忘れていることもよくありますが、その時はまた例文を見ます。そして、「そうだ、耐えるだ」と確認をし、また束の中に戻します。さすがにこれを5回くらいやっていると、そのうち withstand を見た瞬間に「耐える!!」と反応できるようになりました。その後は長文の中、英字新聞の中でも不思議とすぐに「耐える!」と出るようになったのです。もし、例文を見て日本語訳が推測できたことで覚えたものとしていたら、実際は効果がなかったかもしれませんが、単語カードならそれを「まだ確実には覚えきっていないもの」とし、保留しておくことができます。これが単語カードのいいところで、必ずまたお目にかかることになるのです。

単語カードは例文で覚えると、使う場面も、そして意味も瞬時に出るようになります。実は私が今までにやってきた単語の覚え方の中で、一番効果があったのは単語カードです。覚えるまでのカードを作る手間はもちろんありますが、それに見合うだけの成果はありました。みなさんもまずは10枚から始めてみてはどうでしょうか。

20 例文の中で覚えるとその場面までも思い浮かぶ

　単語は一つの日本語訳を覚えていても、なかなか使えません。ですから前のセクションで述べたように、例文の中で覚えてほしいと思います。例文の中で単語を覚えると負担がただ増えるだけのように思うかもしれませんが、**例文自体は覚えなくてよいのです。あくまでも新しい単語を覚えるために利用させてもらった周辺情報にすぎない**と考えてください。例文があるおかげで、その場面を頭に描きやすいと考えてはいかがでしょうか。

　人は周辺情報がある方が実は記憶に残りやすいようです。例えば地図で考えてみましょう。目的地に行きたい場合、その場所の住所や番地、建物の名前だけを言われてもピンとこないかもしれませんが、周囲にある建物や街の特徴を説明してもらうだけで「ああ、思い出した」ということはないでしょうか。こ

れは目的地の知識が最初は断片的であったのに、周囲の情報が加えられたことで、すべてがつながったという感じなのでしょう。

　英語の単語を覚えるのも同じです。学校でも英語の先生は「長文の中で単語を覚えなさい」と言います。それは一般的に長文の中で覚えた単語の方が、周辺情報が多く記憶に残りやすいからです。もちろんその長文の内容があなたにとって、いくらかでも興味深いものであればですが…。

　例えば、もしあなたが **issue** という単語を以前覚えたのにもかかわらず、忘れてしまったとしましょう。そして見てもすぐに意味が出てこなかったとしましょう。それが **our important issue** と書いてあればどうでしょうか。少しヒントが出てきました。**Global warming is becoming our important issue.** となれば、ますます周辺情報が出たおかげで思い出しやすくなるでしょう。**Global warming**「地球温暖化」という単語が何よりも助けになります。ここまでくれば、あなたはおそらく **issue** は「問題」という意味ではないだろうか？と思い出すでしょう。こういう文が出てくる長文は、おそらく環境問題にかかわることを書いたものでしょう。そうするとその長文の内容についても思い出されたり、環境問題に関する他の単語もいくつか頭に浮かんでくるかもしれません。このように、周辺情報があるおかげで単語の意味にたどり着くことはよくあります。もしあなたが、ただ **issue** という単語の

意味を思い出そうとして、**issue**を見続けても永遠に意味は出なかったかもしれません。

　もう一つ、周辺情報があると意外なメリットがあることもお話ししましょう。それは同じような単語でも、細かい違いまでわかってくることです。例えば**issue**という単語は、「問題」は問題でも、少し大きな問題だということが想像できないでしょうか。考えてみると**problem**だって「問題」という意味です。しかし環境問題について使われていることを考えてみても、個人の問題というよりは、私たち社会全体にかかわる問題というような感じがしてきませんか。実際**issue**は社会的問題に使われることがほとんどです。このように、単語というのは文章の中で必ず使われるわけですから、どのような場面で、どのようにその単語が使われるのかということを、なんとなくでも知っていると理解力がかなり変わってきます。

21 英単語の勉強は細切れ（一日に３分×５回）で OK

　英語の勉強に単語の暗記は欠かせませんが、やり方によっては挫折するいちばんの原因にもなりかねません。私も英語の勉強でいちばん辛いのは、単語を覚えることです。できればしたくありません。なぜならすぐに飽きてしまうからです。単調ですし、達成感も得にくいものです。そこで、今回はさらに単語の勉強法を提案したいと思います。

　それは**一回あたりの勉強を飽きる前にやめる**、ということです。普通の人なら 15 分も単語の暗記をしていたら眠くなってくるのではないでしょうか。そう考えるとまず、**単語の勉強は机に向かってするものではありません**。机に向かってする勉強は、英語を読んだり書いたりする時です。英文を読んで内容をつかんでいくのであれば、ストーリーに内容がありますから、まだ本文に入り込めます。内容が読めていれば集中力も続きま

す。しかし単語の学習は、机の上ではすぐに単調になってくることに気がつきます。飽きてきた時点で、あなたの脳には刺激がまったくなく、ただ見ているか、ただ単語集をめくっているだけの状態です。こうならないために、単語の勉強は一日に何回かに分けてしましょう。しかもその一回あたりの学習時間は3分程度。5分すると普通は飽きるか、疲れてきます。3分は短かすぎるのでは？と思う方もいらっしゃるかもしれませんが、短いくらいでちょうどよいのです。**ただでさえ単調な勉強ですから、まず時間制限を設け自分に負荷をかける**のです。3分以内で覚えなければいけないと思うのと、覚えるのに15分あると思うのとでは効率が変わります。しかもやってみるとわかるのが、短時間でも意外と覚えられるということです。そして15分続けてするよりも、一日のうちで3分を5回に分けてすると効率がいいことにも気づきます。というのも、**単語は一回覚えたと思っていても、時間が経つと必ず忘れます**。ですから私は敢えて、**時間を空けてもう一度復習する**ことにとても意味があると考えています。単語を一度見て覚えられる人はまずいません。何回繰り返すかが大切であって、その回数が多い方が記憶に定着する可能性は高いのです。もしあなたが15分続けて単語の暗記をし、次の単語の勉強を明日にした場合、少なくとも一日空くわけです。一日空くとどうしてもかなりの単語は忘れてしまいます。せっかく前日に15分勉強して覚えたはずなのに、その単語を全然覚えていなかったとすると、あなた

のやる気はどんどん下がっていくことでしょう。しかし、一日のうちに何回か見る習慣にしていると、「さっきやったやつだ！」とまだ思い出せそうな気にもなります。そこで忘れていても構わないのです。その忘れかけた時にもう一度覚えなおすか、そのまま放っておくかで記憶に定着するかしないかの大きな差が出てきます。どちらがいいかは一目瞭然です。

　一日3分の学習を、朝、昼、3時、夜、寝る前、こんな風に決めておくとよいでしょう。朝と夜は通勤通学の時間の中で3分確保すればよいので比較的始めやすいと思います。それにお昼ご飯の時に注文した食事が出てくる待ち時間とか、同僚が給湯室でコーヒーを入れている間の3分を確保し、あとは寝る前にもう一度加えれば完璧です。大切なのはあまり負担にならないようにすることです。ただし、たった3分でいいのは継続することが条件です。継続しないのであれば今までの15分勉強するよりも効果が落ちてしまうかもしれません。継続するためにも一回の勉強は3分以内に終わらせてしまうことです。そしてその3分も、「単語の勉強をするぞ！」と意気込むのではなく、あくまでも通勤のついでにやっている、という感覚になると継続できます。

22 単語カードをシャッフルすると驚きの成果が出る

　単語カードを使った勉強法は、単語集ではできないことが2つあります。1つ目は覚えていないものだけを取り出して、集中的に勉強できるということです。2つ目は、カードをシャッフルすることで、単語の出てくる順番を変えることができるということです。単語集だと、覚えた単語が「確かページのいちばん上にあったけど…」と、掲載されている位置まで覚えているのに意味が出てこないという、なんとももどかしい思いを経験したことはないでしょうか。そもそも覚えたい単語がページのどのあたりにあったかということ自体、意味のないところに記憶する力を使ってしまった証拠です。

　単語を覚えるのに、最大の障害になるのは「単調さ」と「飽き」です。この2つさえ克服し、なんとか継続さえすれば必ず語彙力はついてきます。そしてこの2つを両方ともうまく

克服させてくれるものが単語カードです。単語カードを使うと、順番をシャッフルできるので次に何の単語が出てくるかわかりません。そういう心境に持っていければ、ちょっとしたドキドキ感で、あなたの脳に刺激を生むことができます。順番が変わったのにもかかわらず、きちんと答えられれば本当に覚えたことになりますし、達成感も得られます。

　近年、テレビでは視聴者も参加できるクイズ番組が多数ありますが、私たち視聴者は答えられると気分がいいですし、仮に答えられないなら答えが何なのか知りたくて、ついつい最後まで見てしまいますよね。これは脳が刺激されているから飽きないのだと思います。同じ知識を問うものであっても、教科書をただ読んでいるよりも、クイズ形式の方が楽しく勉強できます。それに、勉強しているのにもかかわらずゲームのように感じているところがよいのでしょう。これと同じことを単語の勉強にも取り入れると、そのうち単語を覚えることがそういったクイズに答えているゲーム感覚のようになり、少しは楽しくなるのではないでしょうか。ぜひ試してみてください。

23 単語カードは20枚だけ持ち歩く

　私は空き時間に勉強するものは英単語と決めています。そしてその際はほとんどの場合、単語カードを使います。ここで大切なのは、あまり意気込みすぎて大量に単語カードを持ち歩かないことです。私の場合は**持ち歩く単語カードは20枚程度と決めています**。以前50枚以上持ち歩いていた時もありましたが、50枚だと手にとった時に「今の空き時間では終わらない。どうせ終わらないならやめておこう。」と結局一枚もやらないまま一日を過ごしたことがありました。それが20枚だと本当に3分でもできそうだと思い、結果として一日に何回もその単語カードの束をめくっていました。このように**最初の一歩を踏み出すと意外とスイスイ進む**ことがよくあります。

　単語カードが一つの束で50枚もあると、10分や15分かかってしまいます。単語の勉強なんてそもそも15分もずっと

やっていたら飽きてしまいます。15分しているうちに、たまらなく興奮してくる人がいたら、それはちょっと変わった人でしょう。私はすぐに眠くなってしまいます。だから一回3分くらいでちょうどいいのです。

　通勤中、単語カードをめくっているうちに「間もなく列車が参ります。お気をつけください。」というアナウンスのおかげで、やばい急ごう！といつもより集中力がアップしたこともしばしばあります。私はスキマ時間を利用して、一日のうちに5回くらいやっていました。たった3分ですが継続するとそれでも確実に語彙が増えましたし、かなりの成果が出ました。とにかく一回分を欲ばらないことです。最初は多くても頑張れますが、必ず疲れてきます。単語は継続して勉強することが求められますから、また次もやってみようと思えるくらいでやめておくのがちょうどよいと思います。

24 パッと意味が出てくるまで繰り返す

　単語はどこまでやれば覚えたことになるのでしょうか？　私の個人的な感覚かもしれませんが、理想は周辺情報がなくてもその単語を見ただけですぐに意味が出てくるようになった時に「覚えた」ということだと思います。そこまでになるにはとにかく繰り返すことが大切です。

　一束の単語カードをひと通りやり終わった時、直後にもう一度やると比較的単語を見ただけでパッと意味が出てきます。ほとんどの人はとにかく一度意味が言えたらOKにすると思いますが、もう少し欲ばって2回目のクールに入り、**瞬時に意味が出るまでOKにしないようにすると、劇的に単語が覚えられます**。連続2回できたら休憩です。1回目よりも2回目の方が瞬時に答えが出てくるようになっている自分を実感してほしいのです。これをあくまでも3分以内でやってしまいま

しょう。私の場合は、こうして覚え、瞬時に意味が出てくるようになって、次の単語カードおよそ20枚を作成していました。単語集の次のページの20個を作成する際に、前日から覚えられなかった単語が残っていれば新たに作った単語に必ず混ぜます。これもポイントです。例えば20枚中3枚覚えられなかったのなら今回作成した20枚とあわせて23枚になるということです。そしてまた一日に3分のカードめくりを5回繰り返します。3分ですから本当に電車、バスを待つ間、カップラーメンができるまでの間、友だちとの待ち合わせでちょっと早く着いてしまった時、そういう**ちょっとした時間にいつでもカードがめくれるように常にポケットに入れておきました。**

　私の場合は、基本的に「覚えていないのなら先に進まない」という方針でやっていました。ですから前回の覚えていない単語が積み重なってすでに手持ちが20枚ある場合は、新たに単語カードは作りませんでした。

　このやり方には意外なメリットもありました。**たった20個なら覚えられるかもしれない、という心理になり気軽にしょっちゅう単語カードをめくるようになりました。**めくり始めると答えられた時の快感、達成感のようなものがあり、自信にもなりますし、少し面白くなってきました。

25 スキマ時間で英単語を覚えるとイライラが消える

　以前はカップラーメンができるのを待っている時間は、「3分かぁ。まだかな…3分って意外と長いな…」と思っていました。その時にあることを思い出したのです。「そうだ、今日はまだ単語カードをしていなかったから少しだけしておこう！」と思い、カードをめくり始めました。するとピピッと3分経過を知らせてくれる音が鳴りました。そして「なんだ、もう3分経ったのか。3分って意外と短いな」と思いました（笑）。さっきまでは長いと思っていた3分が、単語カードをめくっていると、不思議とあっという間に思えたのです。

　この何でもない日常の3分ですが、他のことを同時にすることで時間を有効に使え、カップラーメンの待ち時間を長いとは感じませんでした。もし、カップラーメンを見つめながらただラーメンができるのを待ち続けていたら、私はイライラを募

らせただけだったかもしれません。同じ3分なのに、過ごし方を少し変えるだけでこうも気持ちが変わるものかと意外に驚きました。

　楽しい時間、集中している時間、充実している時間はあっという間に過ぎてしまいます。一方で嫌だな、と思う時間は長く感じるものですよね。これは同じ一時間、同じ3分でも、何をしているかでかなりの違いを感じるということです。

　みなさん、単語の学習にこういうちょっとした時間を有効に使ってみるのはどうでしょうか。例えば地下鉄に一本乗り遅れた時に、あなたは「もうっ！ついていない」と思いますか？私は今は本当に急いでいる時以外は、不思議と「まあ、いいか」と思うことが多いのです。それはなぜかというと、ポケットから単語カードを出して単語を眺める時間にしているからです。地下鉄なんて都会なら5分もすれば次の電車が来てくれます（田舎の方はたっぷり単語カード学習ができます！…笑）。その5分をまだかまだかとイライラしながら待っていても何も得るものはないのです。割り切ってそういう時間は単語カードをする！と決めておいて、いつも行動していたらすごいことになります。私の場合、そういう小さな積み重ねでついには英検1級の語彙力（一万語）を身につけてしまいました。

　この時間の活用で、みなさんに注目してほしいことがあります。それは、単語を覚えるというメリットがあったというより、待ち時間のイライラがなくなったということです。この副

作用は私にとっても意外でした。こういう習慣を身につけてからというもの、人との待ち合わせで相手が少し遅れてきても「別にいいよ〜」と思えるようになりました。「時間を有効に使わせていただいた」くらいの気持ちです。ですから遅れてきた相手に対しても、怒りはありません。私は今ではそうとう時間つぶしが得意になってしまいました。

　エレベーターを待っている時、ボタンを一度押して点灯しているにもかかわらず、まだ連打してしまう人はいらっしゃいませんか？　そんな人はぜひこの習慣を身につけてみてはどうでしょうか。実は毎日の生活の中でそういう有効に使える「スキマ時間」というのは結構存在するものです。大好きなテレビドラマの途中で入るCMの時間。高層ビルのエレベーターに乗って、まったく知らない人と居合わせた時の気まずい沈黙時間。チケット売り場で長蛇の列に並んでいる時など、有効に使えるスキマ時間は意外と多そうです。

そんな事しても君どーせダラダラするでしょ

だから無理。

ねえ神様♪ 1日を35時間にしてくれない？

第3章

英会話力をつける
ルール24

1 英会話の勉強はダンスパフォーマンスと同じ

　英語を人前で話すのは、大変**勇気がいるもの**です。しかし、もし話すことができれば**気分がいい**ですし、**周りの人に見られるのが心地よくなってくる**くらいです。

　若者が舞台やストリートでダンスパフォーマンスをしているのを見ると、英会話も同じだなと感じることがあります。私はダンスがまったくできません。あの足の動きと複雑な上半身の動きを同時にするのが神業に見えて仕方ありません。しかし考えてみると、英会話もよく似ている気がします。**単語や文法を覚えたからといって、すぐにはうまく話せません**。どんなに先生に「こうやってするんだよ」と説明されて納得したとしても、**やってみると思ったよりもうまくいきません**。最初は誰でもそういうものです。私も最初はテストでは絶対に間違えないはずの三人称単数現在のsを、英会話中には付け忘れたり、

90

過去形で言うべきものを現在形で言ってしまったりと散々でした。例えば、今日はどんな一日でした？と聞かれて、**I have no class today. So I enjoyed my free time.** と答え、後から「あっ…**have** ではなく **had** だった。」なんて気づくこともあります。こういうことを繰り返しながら、英会話は徐々に上手くなっていくものです。

　ダンスだって、もともと持って生まれたセンスの差こそ多少はあるかもしれませんが、それでも初めから誰でも上手くできるわけではないでしょう。おそらく初めはみんな失敗を繰り返すはずです。先生からまずは足のステップを教えてもらい、足だけの練習をする。何回もやっているうちに動きを体が覚え、できるようになり、そうすると今度は先生が上半身の動きを教えてくれます。そして上半身の動きをマスターしたとします。それでは上半身と下半身を同時にやってみましょう、と言われてやってみるものの、なかなか最初はうまくできないものでしょう。両方が同時にバシっと決まるまでには、何度も繰り返さなければいけません。しかし繰り返していればそのうち「できた！」という瞬間がきます。私は英会話の練習をやっていて、つくづく同じだなあと感じています。英会話ができるようになるには、単語を覚えなければいけません。文法ルールも覚えなければなりません。覚えたとしても、この2つを同時に使いこなせるかというと、なかなかすぐにはできないものです。でもこれは練習です。**間違えると恥ずかしいと思って練**

習しなければずっとできないままでしょう。ダンスが上手くなりたいと思っている人は、家に帰ってからも一人で鏡の前で何度も練習するのではないでしょうか。そういう風にしている人は、進歩が速いはずです。実は英会話も同じなのです。いきなり人前で話せと言われてもすぐにはなかなかできません。一人でいる時に、どれだけ準備をしておくかが大切なのです。そして準備ができたらあとは少しの勇気です。一人でたくさん練習をしていれば多少は自信も出てきますから、話してみようかなという気分にもなります。普段から練習していないと、間違えるのが怖くて自分からはなかなか話せません。ですから、話してみようかなというくらいの自信をつけるには、一人で練習をしておくしかないのです。練習をしておけば、実際の会話の場面でも、少しずつ間違えることが減ってきます。そして話せるようになると、それが快感に変わってきます。私はダンスはできませんが、若者のダンスパフォーマンスを見るたびに、英語を人前で話す心境に近いな、といつも感じています。

❷ 英会話の練習前には一杯やってから行く！

　外国人に英語で話しかけるのは本当に勇気がいるものです。実はこの勇気があれば、誰でも英会話力は飛躍的に伸びると私は確信しています。そこで提案があります。

英語を話す前に一杯やってからチャレンジしてみてください！

　これはあなたが思っている以上に効果があります。私も最初は半信半疑でしたが、それに気づいたのは職場の忘年会の時のことです。たまたま帰りに、イギリス人の先生と帰る方向が同じになり、一緒に帰ることにしました。ある程度飲んで酔っていたので、気分がとても緩んでいました。英語で話す時はいつも「こう言うと間違いかな？」と思うのに、その時は「そんなことどうでもいいや〜。しゃべっちゃえ〜」という感じで、ど

んどん英語を話していた自分がいてびっくりしました。正しい英文かどうかなんて検証するような冷静さもなく、非常に饒舌でした。ちなみに後から振り返ってみても、英文自体は間違いだらけで、中には単語を連呼しただけとか（笑）、**He not like play sports.** とか。三人称単数現在のsとか、否定文だとか、本来なら緊張して間違いのないように確認してから話すのに、まったく気にせず話していました。しかし、やってみて気づいたのですが、案外伝わるのです。中国人やインド人などはまさにこの状態の人がけっこういますよね。自分の思いを間違った英語でもどんどん使います。だからそれなりにうまくなっていくのです。文法がめちゃくちゃな英語を話したら相手に「バカにされるかな」ということを心配していましたが、もちろんそんなことはありませんでした。まあ、その時は向こうも飲んでますから、そもそもどうでもよいのでしょうが…（笑）。

　日本人は謙虚で真面目な方が多いので、英語を話す前にどうしても失敗を恐れます。そして何よりその失敗を周囲に見られると恥ずかしいという意識がとても強いように思います。なんとかしてこの壁を取り払って一歩踏み出せば、「案外いける」ということに気づくと思います。そして話してみるとこんなに楽しいものなのかと、きっと実感してもらえると思います。

　私が今まで英語を勉強してきて、いちばん報われたなと思う瞬間は、文法問題がすべて正解していた時でも、英字新聞が読めた時でもありません。外国人の方が話す英語を聞き取れて、

それに対して私が意見を言った後に、相手から「なるほどね」とか「同感だな」と言われた瞬間です。これはお金では決して買えない、何にも代え難い喜びです。英語を勉強してきてよかったな！と思います。ぜひこの喜びを早くみなさんにも感じてほしいと思います。そうすればもっと頑張って英語を勉強しようという気持ちにもなるでしょう。

　最後に先ほどのお酒を飲んでから英会話に行く件ですが、誤解のないように言っておくと、お酒を飲むと言っても、アルコールの量は〈ほどほど〉です。私の場合、日本人の友人と飲みに行く時よりもおそらく2割くらいは抑えています。あまりに酔いすぎてしまうと、英語を話したこと自体を覚えていないということにもなりかねません。それではまったく意味がありませんから(笑)。

3 相手はあなたの発音の良さに興味はない

　日本人は一般的に、きれいな英語の発音にかなりの憧れを抱いています。英会話学校のテレビコマーシャルを見てもわかるように、キレイな発音で話されているところに私たちはまず惹きつけられてしまいますよね。しかし、場合によってはそれが大きなマイナス面をもたらすことがあります。それは、あんなに美しい発音を聞かされると、かえって委縮してしまう、ということです。日本人は、自分が話した英語の発音を、周囲の人にどう思われているかを気にしすぎる傾向があります。その結果、**話すのが恥ずかしいというよりも、自分が英語を話した時に周囲の人からどう思われるだろうかという恐怖が、英語を話す機会を減らしている**ような気がしてなりません。

　ここで少し考えてみてください。もし日本に来ている外国人が、あなたになんとか日本語で話しかけようとした時、あなた

は相手の日本語の発音に厳しい目で接するでしょうか？ そうではなく、あなたは相手が何を言おうとしているのか必死で聞いてあげようとするのではないでしょうか？ もちろんその外国人のたどたどしい日本語が、多少は気になるかもしれませんが、だからといってその外国人をバカにしたりするでしょうか？ 大切なのは、相手が何をどう伝えたいのかということであって、多少の言い間違いやなまりなんてどうでもよくなってくるものです。

　私は学生時代に、発音の良さや文法ミスをとても気にしながら英語を話していました。しかし話をするうちに、相手は私の発音の良し悪しにはほとんど興味がないということがわかってきました。例えば、「あの人のことを君はどう思った？」と聞かれた時に、**I think he is very kind.** と答えるとしましょう。私は **think** を過去形にした方がいいのか、はたまた **is** は時制の一致で過去形の **was** にした方がいいのか、そして **think** の [**th**] の発音は「シ」ではなく「シ」と「ス」の間だ、なんて頭の中で、考えている時期がありました。しかし、大切なのは **kind** という単語が相手に伝わればそれでいいのです。考えてみれば「あの人をどう思うか？」と尋ねているのだから **I think he is...** の部分はそんなにこだわるところではなく、相手には「**kind**」という言葉が聞こえればそれでよいのです。それなのに、関係のない部分の文法的なところや発音を一人で悩んでいるのは、とても滑稽なことだと気づきました。そうい

うことに気づいてくると、大切なことは何か？ 相手が求めていることは何か？ それを常に優先して、最悪その部分だけ単語一語で答えてもよいのです。

　最近ではテレビでいろいろな国籍の方が英語を話すのを目にする機会が増えてきました。例えばオリンピック選手のインタビューがいい例です。世界の多くの人は、オリンピック選手の英語の発音に注目しているのでしょうか？ そうではないでしょう。金メダルを取った人がロシア人であれ、韓国人であれ、フランス人であれ、英語でインタビューに答えた時は、その人の発音ではなく、勝った瞬間の選手の気持ちに世界中の人は注目しているのです。

　世界各国の代表が会議をする場面でも同じことが言えます。各国の人が意見を交わす場では、その国の方針や意見を聞きたいのであって、発音の良さなんてどうでもいいことです。それよりもむしろシンプルで誰にでもわかりやすい英語を心がけることが最優先です。そういう会議に出席されている代表の方々は、意外にもかなりのなまりがあります。それでも堂々と自分の国の立場を主張している姿に私はとても感銘を受けますが、みなさんはどうでしょうか。

　私の考えでは、最初は発音の良し悪しはそんなに気にしなくてもよいと思います。そんなことよりも、自分の気持ちや意見が言えた方がよっぽど会話が楽しくなります。**相手もあなたの気持ちや意見に興味があるのであって、あなたの発音にそれほ**

ど興味はありません。

　発音に対する興味を過剰に持っているのは日本人のあなた自身です。日本人は、他の日本人の話す発音を聞いてすぐに『あの人は発音がいい』と言います。それは歌がうまいのと同じような感覚なのでしょう。しかし、あまり他人の発音が「きれいだ」とか「下手だ」と言うのはそろそろやめてみませんか。なぜなら、他人の発音を褒めたりけなしたりしていると、今度は自分が話す時に「私も批判されるのではないか」と、委縮してしまいます。そうなると、どんどん話す機会を失ってしまいます。英会話を楽しむためには、発音は下手でも自分の意見が言えることの方が大切です。

4 「すぐに単語を調べる」という習慣をやめる

　英語を話そうと思っても、英語で何と言うのかわからないからすぐに辞書で調べてしまうという人は多いと思います。辞書で単語を調べること自体は決して悪いことではありません。しかし、調べることが習慣になりすぎると、辞書がなければいつまでたっても英語が話せないようになってしまいます。会話をするたびに、もし相手が立ち止まって辞書で調べ始めたら、あなたはどう思いますか？ おそらく「いちいち調べずに、何でもいいから早くしゃべってくれよ！」と、もどかしく思うでしょう。このように、常に単語を調べていると、相手に不自然な間を与えてしまうことになってしまうばかりか、いつまでたっても一人で英語は話せないままです。ですからいっそのこと、思い切って辞書は使わずにしゃべるという努力をしてみるのが英会話力を進歩させる秘訣です。その時に気をつけ

たいことは、自分の知らないような難しい単語は使わないことです。例えば「年功序列」を話題にしたい時に辞書では「**a seniority system**」と出てくるかもしれませんが、そのような言葉を使うよりも、例えば「会社に長く勤めていればいるほど給料が上がるシステム」というように文章にして説明する練習をします。運がよければ、相手から **Is that a seniority system?** というコトバが返ってくるかもしれません。そうすると、うまく伝わったことが判明しますし、あなた自身も **a seniority system** という新しい単語をしっかり覚えることができます。

　そもそも難しい単語を相手に言ったところで、正しい発音ができるかわかりません。自分の発音の悪さで、相手は **What?**「は？ 何？」と聞き直してくるのがオチです。そうするとこちらも自信をなくし、あなたはさっきより小さな声でまた同じ単語を発するでしょう。そうすると今度は何を言っているのか聞こえないという意味で、相手は先程よりもさらに大きな声で **Huh?**「は？」と聞き返してきます。こうなると完全に自信をなくしてしまい、もう話すのをやめようかな、と嫌になってきます。したがって、とにかく自分の知っている単語で、知っている文法で、簡単な文章で説明する訓練をするのです。辞書で調べて見つけた単語を発するのが英会話ではありません。このように英会話の上達の秘訣は、新しい単語をただ覚えるのではなく、文章説明型にすることだと私は考えます。

5 英作文の勉強と英会話の勉強は同じ

　一般的に英作文の勉強と聞くと、みなさんの中には答案用紙を前に鉛筆を持ち、『うーん…』と腕組みをしてじっくり考えるイメージがありませんか？ 受験英語の時は確かにそういう解き方もあったでしょうが、そうではなく、鉛筆を持たず、問題文を読んだ瞬間にその場で英語で話してみるのはどうでしょうか？ 100%のことを伝えられなくてもいいのです。最初は20%でもいいじゃないですか。英作文と聞くと受験英語の典型のように感じますが、「英作文」という科目は少し考え方を変えれば「英会話」に変わります。これは意識の問題です。

　私は高校生の頃、英作文というのは決まったフレーズや問題におそらく求められているであろう文法で書かないと点数にならないと思っていました。だから少しでもたくさん英文を覚えて、部分的に単語を変えるものが英作文だ、という認識があり

ました。これは間違いとは言いませんが、とても効率が悪いものだと思います。だいたい覚えたフレーズの中に、自分の言いたいフレーズがなかったらどうするのでしょうか？ 中には、だから1,000も2,000も例文を暗記するのだと主張する人もいますが、大変疲れますし英語が話せる前に嫌になってしまいます。ではどうすればいいのでしょうか？ 結論から言うと、話し手の意図が伝わる限り**中学生の知っている文法、単語で書いてしまう**のです。実際に私は予備校でもそういう指導をして、たくさんの生徒が英語が書けるようになりました。このやり方で英作文を勉強する習慣をつけると、受験生の人でもかなり英語が話せるようになります。話せるようになると思えば、英作文が受験英語ではなく、とても実用的に思えてきてやる気も高まるものです。

　私は留学経験がなく、今でも英語で話す時は頭の中で英作文をします。ただその**英作文のスピードが速くなったものを英会話と呼んでいるだけ**です。このことにほとんどの人は気づいていません。英語のCD音声を聞いていれば、英語の脳に変わり、いつかは自然に口から英語が出てくると思っている人もいますが、そういうことは絶対にあり得ません。英作文も英会話も基本的に同じです。英会話スクールに通うのと、普段から自分で英文を作って声に出してみるのは同じことです。そして後者はタダです。紙と鉛筆もいりません！

6 調べなくても知っている単語と文法を使って話す

　次の内容を相手に英語で伝えたいとしたらどうしますか？

　「地下鉄に乗るとすごく便利で早く目的地に着きます。都会の人には大変重宝される代物であることは間違いないですよ。」

　これを英作文だと考えると非常に悩むかもしれません。時間もかかるでしょう。地下鉄に「乗る」は **get on** だろうか **ride on** だろうかと悩むかもしれません。「重宝」という単語は何だろうか…？「〜は間違いない」はどういう構文だろうか…？「代物」は **a thing** でよいのだろうか？と悩むでしょう。でももうこういうやり方を一度やめてみませんか？
　それならどうすればよいか、その方法をお話ししましょう。
今、目の前に外国人がいてすぐにこの内容を伝えないといけな

い、そういう状況だと自分で仮定しましょう。そして辞書も持っていないので、その場で知っている単語で少しでも伝えてみようとするのです。それなら「地下鉄に乗る」は「使う」と考えて **use** でよいではないか。重宝なんていうのは結局都会の人たちには地下鉄が「大切」だと言ってしまえばいい。目的地がわからなければ、**the place you want to go** でいい。最悪目的地という言葉を無視して「速く移動できる」と言っても伝わるのではないか。

If you use the subway, you can travel very fast. The subway is very important to people in big cities.

これは受験の英作文問題の模範解答ではありません。もしそうなら減点もされるでしょう。しかしこれくらいの単語なら英語で説明できる日本人も増えるでしょう。そして「なんだ、案外簡単に書いていいんだな」と英作文に抵抗があった人でも、自分にもできるかもしれないと思ってもらえるのではないでしょうか。私はこれこそ今の日本の英語教育に必要な分野だと思います。

　入試問題で完璧な英文を作ることは素晴らしいことです。しかし一方で、たとえ入試問題では減点されても、すぐに会話として話せるならすごく実用的だし、何より英語を話せたという実感がでてくるので、英作文もやりがいがあります。

ただし、このやり方には一つ条件があります。それは基本英文法を知らなければ書けないし、言えないということです。やっぱり文法を覚えるのなら同じ苦労じゃないかと思う人もいらっしゃると思いますが、1,000や2,000も例文を覚えるほどの労力は絶対必要ありません。文法ルールを覚えると、最小限の知識で、最小限の単語でも英会話ができるようになる、ということをぜひ覚えておいてください。

7 １文で言わずに２文に分けて説明すると楽に言える

　受験の英作文問題を見ていると、日本語が非常に長いものがよくあります。受験生はこういう場合、ほとんど１文で書こうとしますが、難しいようなら２文に分けて書いてみようとすると、かなり楽になります。大切なのは、相手に言いたいことが伝わるか、ということなので、そこに重点を置きます。

　例えばあなたが「**先日私が行ったオープンしたばかりのレストランの料理は、思ったほど美味しくなかった。**」という内容を相手に伝えたいとします。これを英作文問題のように考えて１文で書かないといけないと思えば、関係詞も使い、とても複雑で長い１文になってしまうでしょう。そう考えると億劫ですし、嫌になってきます。こういう場合は何文かに分けて言ってしまえばよいのです。例えばこのような感じです。

① 先日ある新しいレストランに行ってきました。
② そこの料理はそんなに美味しくなかったです。

The other day, I went to a new restaurant.
The food was not so good.

ピリオドで一度英文を終わらせてしまうことで、かなり難しさのハードルが低くなるはずです。この英文は日本語の内容を100％伝えきれていませんが、これくらいならあなたも辞書で調べなくても言えそうな気がしませんか？ もちろん入試問題なら「最近オープンしたばかりの」や「思ったほど美味しくなかった」の「思ったほど」は出し切れていないので減点されてしまいますが、これが会話なら、その部分をきちんと言おうとして黙り込んでしまったり、辞書や文法書で調べたりするよりは、はるかにいいと思いませんか？ 100％は伝えていないかもしれませんが、まあ、だいたいこのあたりでいいじゃないですか。最初はこういう気持ちで英語を話そうとすれば、ずいぶん気楽に構えられます。

8 英会話は一人でも十分練習できる

　相手がいないのにどうして英会話の練習ができるのか？と思う人もいるかもしれませんが、少し工夫すれば一人でも英会話はできるのです。こう考えてください。相手はこちらからネタを話したら、それに何らかの質問をしてくると思います。その質問も自分で想定して、あらかじめ練習しておくのです。
　以前、こういうことがありました。

I insist.（どうしてもそうさせてください。）
My pleasure.（私の喜びです。→ どういたしまして。）

　私はこのフレーズを覚え、どこかで使う場面がないかと考えていました。ある時、一緒に働いていたカナダ人の Carla（カーラ）先生に、ボランティアで地元の保育所に英会話の講

師として来てもらう機会がありました。その打ち合わせをするために、カフェに行き一時間くらい話をしました。ボランティアでレッスンをしていただく訳ですし、打ち合わせだってお金が出るわけではありません。ですからせめてもと思い、カフェでの食事代は私が払おうと決めていました。しかし、Carla 先生はとても謙虚な方で、私の支払いを一度は必ず断ることが予想されます。その時です。「あ、あのフレーズが使えるはず！」と思いました。そこで 2 人のやりとりを想像し、あらかじめ何度も練習しておきました。

私　　：「今日の打ち合わせに、時間を割いてもらってありがとう。今日は僕がおごるから。」
Carla ：「ダメダメ、ちゃんと払いますよ。」
私　　：「今回は僕が無理を言ってレッスンをお願いしたんです。だから…**I insist.**」
Carla ：「Oh, Masa さん。ありがとう。」
私　　：「**My pleasure!**」　　　＊すべて英語での練習です。

こんな感じです。事前に何回も身振り手振りを含めて一人で練習していました。一人で練習するのは滑稽ですが、慣れてしまえばなんともありません。そして当日、思ったとおりの展開になり、完璧にこの 2 つのフレーズを使えました。なんとも言えない喜びで、顔がニヤけてきたのを覚えています。

❾ 見たものを実況中継する

　英会話の練習をする場合、**練習相手がいなくても、目にしたものを一人で英語で言ってみるという意識を持つだけで、十分英会話の練習になります**。例えば朝の通勤途中で、こういう場面があったとしましょう。

　『目の前の人が走って地下鉄に乗ろうとしましたが、あと一歩のところで乗れませんでした。ものすごく急いでいたのに乗れなかったので、すごくがっかりしています。そして時計をチェックしながらイライラしています。何か重要な会議でもあって、それに遅れてしまうのかもしれません。しかし、安心してください。東京の地下鉄は5分もすれば次がやってきますから！　頑張れ！会社員よ！』

自分がテレビ局のレポーターか何かになったつもりで面白おかしく実況中継する気になってみてはいかがでしょうか？　この内容を伝える時に気をつけてほしいことは、辞書は使わず、なるべく知っている単語だけでその場で簡単に表現しようとすることです。

> The man in front of me rushed and tried to get on the train.
> He ran very fast.
> But he didn't catch the train!
> Oh, that's too bad.
> Now he is checking the time.
> He looks worried.
> Maybe he has an important meeting today.
> But it will be all right!
> The next train will come soon.
> Don't worry.
> The subway in Tokyo is very convenient!
> Good luck! Sir!

　どうでしょうか？　知っている単語と文法でその場で説明しなければいけない、というのは実は即興で英語を話すいい訓練にもなるのです。
　会話というのは相手とのキャッチボールですから、すぐに返

事ができなければ不自然な時間が流れます。こういう訓練を日頃から一人でやっておくと、実際の会話でもすぐに気の利いた言葉が出るようになります。この英会話の練習にはノートもペンも必要ありませんし、なによりもタダで英会話練習ができています。

　このように、日常の何でもない場面を英会話の実践の場に変えられるかどうかは、実はあなたの心構え次第です。あなたがこういう意識を普段から持つだけで、英語を話す時間が知らず知らずのうちに増えてきます。そうするといろいろなことを英語で表現してみようと考えるようになり、あなたの頭がいわゆる『英語脳』に変わっていくことも可能だと思います。私も通勤途中に一人でよくぶつぶつやっていますが、かなりの効果があります。しかし、周囲の人には聞こえない程度の声でしないと、完全に怪しまれるのが少し難点です！

> 注）英文には多少不自然な箇所があるかもしれませんが、日本人が思いつきやすい単語、英文で書き、あえてそのまま載せています。

10 「懲りない人ですね」を英語で

　私は留学経験がありません。海外経験と言えば、19歳の時に大学の語学プログラムで5週間アメリカにホームステイしたことくらいです。留学経験がないとどうしても学ぶ機会が少ない分野があります。それは普段の何気ない日常会話です。留学した人なら当たり前のように日常的に使うフレーズが、案外日本にいると学ぶ機会がありません。もちろん大学の入試問題でも会話問題は出ますが、どちらかというとやはり小説や評論、学術的な調査結果、統計分析といった文章に触れることの方が圧倒的に多いと思います。そのせいで今回タイトルにしたような、なんでもない一言が言えなかったりします。

　冒頭で出した質問ですが「懲りない人ですね」は、英語で何と言ったらいいのでしょうか？ 発想の転換をするのがポイントです。

そう言われて「懲りる」という単語を辞書ですぐに探してしまうのが日本人の悪いクセで、それだといつまでたっても英語は話せるようにはならないでしょう。

「懲りない人ですね」→「あなたは決して学ばないね」

答えは **You never learn.** で **OK** です。

　言われてみれば「決して学ばない人」は確かに「懲りない人」だと考えられる。なるほどということですが、この発想の転換が実はなかなか日本人には難しいのです。こういう言い方はすぐには出ないものです。語学のセンスがあるとかないとかはまったく関係ありません。ですから最初はこういう何気ない一言フレーズを、ある程度丸暗記して知識を増やしてほしいと思います。知識が増えていくにつれて、「なーんだ、そういう風に言えばいいんだ」というような英語的な発想の転換が身についてきます。知識がまだないうちから、自分の発想で言ってみようと思ってもそれは無理です。発想の転換なんてしようがありませんから、最初はいくらか頑張って覚えましょう。

11 英会話のカギは発想の転換にある

　日常会話については、留学経験がないとなかなか身につかないものだと考えている人もいるかもしれませんが、そんなことはありません。日本にいても日常英会話フレーズは必ず習得できます。私から一つ教材を推薦したいと思います。私のオススメは **NHKのラジオ英会話** です。どの番組も素晴らしいですが、私は特に遠山顕先生の講座をオススメします。学生時代、私にとってはこの講座がとても勉強になったのを覚えています。

　私は大学入試で一応英語の勉強はしていたはずですが、遠山顕先生の『英会話入門』（当時）を初めて聞き始めた18歳当時は、知らないフレーズばかりでびっくりしました。いかに入試のために偏った英語の勉強をしていたのかと反省すると同時に、今までになかった会話中心の内容に少しわくわくしました。使われている単語は中学生レベルでした。会話文を読んで

みればたいした内容でもないのに、それが音声で聞くとなると突然ハードルが上がる感じでした。この講座なら一ヵ月330円（当時）のテキストを買えばいいだけで、お金もそんなにかかりません。この一冊だけを真剣にやるだけでどれだけ実は実力がつくか、気づいていない人は多いと思います。

　日本人は何でもない日常会話が英語で言えません。前回のセクションに続いて一つ問題を出してみようと思います。

　「それはあとでもいいよ。」を英語で言ってみてください。

　何て言うと思いますか？　日本人なら「あとで」というところを最初に考え、辞書を引き after なんて出てきそうですが…答えはこう言います。

　It can wait.（それは待つことができる。）

　こういう発想に日本人は慣れていないせいで、なかなか英語が話せないのだと思います。なるほど簡単に言えるものだな、と思われた方はぜひ NHK のラジオ英会話を試してみてください。

　ちなみに NHK ではテレビ講座もありますが、私はあくまでもラジオ講座をオススメします。なぜかというと、映像として相手の表情や周辺情報を「見られる」ということは、会話の意

味を理解するのに大変助けになります。おそらくテレビの方が楽にできるでしょう。しかし、今私たち日本人に足りていないのは圧倒的に「聞く」という分野なのです。聞く力をつけたいのに、「映像で見られる」と思うと、今までの文章を読んできたのと同じようになります。頼れるのは音声のみというような訓練が、今の日本人にはとても大切だと思います。

12 初級者は会話に入る前の予習がすべて

どんなに単語や文法ルールを覚えても、すぐに英語が話せるようにはなりません。特に、英語を話すことを始めたばかりの人にとっては大変難しいことです。言いたいことがそこまで出ているのに、何と言ったらいいのかわからず、ただ **Yes.** と相槌をするにとどまった経験をお持ちの方は多いでしょう。私も最初はまったくダメでした。いきなり会話に入っていっても反応できないのです。ゴルフを始めようとして、ゴルフクラブやシューズ、そしてシャツに帽子まで買って準備をしたら、ゴルフが上手くなるか？と言われれば、ならないでしょう。それと同じで、英会話で言えば、英単語や英文法は道具のようなものです。道具が必要なのも確かですが、それだけではうまくはなりません。それではどのようにしたらよいのでしょうか？

　私は今までに勇気をふりしぼっては会話の中に入り、まった

くしゃべることなく **Yes.** と言って退散してしまった場面が何度もありました。そういうことを繰り返していく中でわかったことは、ある程度会話の内容を予想したり、どういうことを話すかあらかじめ決めていないと、会話に加わることは最初は不可能だということです。練習を繰り返していればそのうち瞬時に反応できるようになるのも確かですが、それまでは訓練が必要です。

　私は、英会話力は予習がすべてだと思っています。あらかじめ自分でどれだけネタをさがし、自分で英文を作り、練習しておくかです。予習は一人でするので、そこにネイティブスピーカーは必要ありません。初級者は特に当てはまります。少し慣れてくれば予習8割、復習が2割というイメージです。もちろん会話が上手くなれば徐々に予習の割合を減らしていき、その場の成り行きに任せた会話を楽しんでいけばよいと思います。最初からその場の会話についていこうとしても、すぐに適切な単語、フレーズが出てこない、という経験をした人は多いでしょう。ですからあらかじめそういう場面を想定してイメージトレーニングをしておくのです。

　例えば、最初は自分の得意分野や比較的知識がある分野について、どんなことを話してどんなことを質問しようかと考えます。そしてそれを英作文して、一人の時に何回か言ってみるのです。場合によっては紙に書き出しておいても構いません。しかし紙を見ながら話すのは相手にも不自然さを与えますから、

最後は覚えて挑むしかありません。自分から話題を提供し、一回でも会話のやりとりができたらそれは大きな進歩です。最初は一つの話題だけに絞って会話をしてみてはどうでしょうか。

　ここでもう一つオススメがあります。もし練習した内容がうまくいかなかった場合、もう一度復習し、練習をして、**まったく同じネタで違う人に質問する**のです。相手は初めて聞く話題ですが、こちらは2回目ですから前回よりは上手く話せたりします。何度もこういうことを繰り返しながら自信をつけ、私は徐々に話せるようになった気がします。

13 恥ずかしさがなくなる電話英会話を利用する

　私は英会話スクールに一度も行ったことがありません。いちばんの理由は金銭的な余裕がなかったからです。

　そこで私が最初に選んだのは『電話英会話レッスン』です。電話は意外と効果的です。なぜかと言うと、本物のリスニング力、スピーキング力がつきます。相手が見えないので確実に聞き取らなければならないし、確実に説明できなければなりません。相手が目の前にいれば、表情やジェスチャーも使えるかもしれませんし、何より向こうがこちらの言わんとしていることを察してくれます。電話英会話はそれらを一切排除するので、甘えがききません。ということは、コトバだけが頼りなのでとにかくしゃべるしかありません。もちろん同時にリスニング力も鍛えられます。相手の顔が**お互いに見えないので、恥ずかしさがなくなる**といったメリットもあります。

電話英会話レッスンは英会話スクールよりも一般的に学費は安いと思います。私が初めて受講したのは『デイリーコール』という電話英会話レッスンです。一日5分間のレッスンが10日間で4,500円（当時）でした。一回あたりの授業料は450円です。5分で450円は高いと思うかもしれませんが、それはやり方次第です。ただ相手の会話を待って聞いているだけなら5分はあっという間に終わってしまいます。ですから、あらかじめ話す内容を用意しておいて、ぶつぶつ一人で英会話のリハーサルをしておくのです。その時にどう言ってよいかわからない事は事前に辞書などで調べても構いません。

　私の場合は、講師の先生に初めに、『毎回一つあるテーマについて私がまず話しますから、私の英語を聞いてください。その後に通じない表現があったら訂正をして、その後はそのテーマについて何か質問をしてください』というようにお願いをしておきました。そうすれば、向こうも電話が始まって「Hello」の後はすぐに「さあ、今日のテーマは？」と聞いてくれます。それだけでも時間が無駄にならず、効果的にレッスンをすることができます。講師によっては一人で雑談をする人もいます。それならただ音声CDを聞いているのと同じになってしまいます。**英会話レッスンは、こちら側が英語をしゃべらなければレッスンの意味がないのです。**私は英検1級の二次試験対策にこの方法で勉強し、とても効果があったのを覚えています。

14 電話英会話で早起きになる

　私が利用していた電話英会話レッスンの『デイリーコール』は月曜日から金曜日まで毎日、こちらから指定した時間に講師の方が電話をしてきてくれました。それを2週間（月曜日から金曜日×2週=10日間）が一つのレッスン体系でした。社会人の人は平日は仕事もありますから、10日間も毎日決められた時間に電話の前にいるのは難しいかもしれません。特に夜の時間に設定しておくと、帰れると思っていたのに急な残業などで予定がくるってしまうこともありますよね。そこで、レッスン時間を出勤前の朝にするのです。朝は比較的、誰にも邪魔されることなく時間が自由に使えます。

　当時私の場合は、朝の6時〜6時半に電話時間をリクエストしていました。私は早起きが大の苦手でしたが、向こうから電話がかかってくるので、寝ぼけていては英会話なんてできま

せん。仕方なく電話開始30分前には起きて、ドキドキしながら何度か話す練習をしたりして声を出していました。とにかく早く起きて、頭を英語が話せるように目覚めさせる必要がありました。不思議なもので、目覚まし時計では起きないのに、ネイティブスピーカーから電話がかかってくると思うと、緊張して早起きになりました。朝方からいきなり「Hello」なんて言われたらたまったものではありませんよね？ 寝ぼけている暇などありません。さっさと目覚めて一人で英会話の予習をぶつぶつやるしかなかったのです。しかし結果として、そのおかげですごく時間を有効に使えました。朝の英会話は、社会人の人にこそ特にオススメです。

15 英会話の主導権はこちらが握る

　何年も英会話スクールに通っているのに英語が話せるようにならない…という人へ。原因を発表します！

あなたは講師の先生の質問をいつも待っていませんか？

　待っていてはダメです。主導権をこちらで握ってください。レッスンの始まる前にこちらから今日話す内容を決めて、あらかじめ英文を自分なりに作って、ぶつぶつ一人で英会話の練習をして準備しておくのです。これは私が通訳案内士国家試験の２次面接試験の時に使った方法です。具体的にどういうものであったか説明してみようと思います。
　例えば『今日は「お年玉」を外国人に説明してみよう』とあらかじめ決めておいて、お年玉について説明されているテキス

トの英文をまずは暗記していました。そしてぶつぶつ一人で英会話練習をしていました。仕事に行く途中の車の中、道を歩きながら、コンビニに立ち寄った時、トイレに行った時でさえ一人でぶつぶつやっていました。あまり欲ばらず、一日に一つのネタだけをとにかく何十回とぶつぶつ言うわけです。そして、その日のまとめとして、実際にそれがネイティブスピーカーに伝わるか試してみます。間違いがあれば向こうがある程度修正してくれるので、修正してくれた英文をまたぶつぶつ一人英会話しながら眠りにつく、という感じでした。これを毎日4時間、3ヵ月続けました。3ヵ月くらい続けるとそうとう色々なネタをスラスラ話せるようになってきました。

　現在英会話学校に通われている方も、講師の先生に言われるがまま、先生の話題に流れていくのではなく、こちらから『今日はこういう話題について話してみませんか？』と提案するくらいになると、飛躍的に会話力が進歩します。講師の先生もレッスンに単調さがなくなるので、意外と喜ぶと思いますし、英会話スクールもそういうような使い方ができるとすごく効率がいいと思います。**英会話はこちらが主導権を握るようにすると上達が早い**のです。現在、英会話スクールに通っている人に聞きます。一週間に一回60分というレッスン時間のうち、実際あなたが英語を話している時間はどれくらいか考えたことはありますか？

16 講師の先生に毎回一つ質問を用意しておく

　英会話学校のレッスンに参加しても、周囲の人が言っている内容を聞くだけで終わってしまうと意味がありません。考えてみれば、それならただのリスニング練習なので、一人で音声教材を聞いているのと同じです。ではどうすればいいのでしょうか？ 私のオススメは、あらかじめ一つ質問を考えておくことです。相手から質問をされ、それに答えるということを待っていても構いませんが、毎回質問されるとも限りません。やってみればわかることなのですが、相手から質問されたことに答えるというやり方よりも、自分から質問して相手の意見を聞くことができた方が、かなりの達成感があります。なぜならば自分を中心に会話が動いたという実感が持てるからです。

　質問を考える時に注意してほしいのは、「〇〇は好きですか？」といった類の質問はオススメしません。なぜなら **Yes**

か **No** で会話が終わってしまうからです。もちろん相手は気を利かせて、それ以上のことを話してくれるかもしれませんが、会話の中身としては面白みに欠けます。私のオススメは **Yes か No で答えるのではなく、相手の意見を聞くものを質問として用意すること**です。つまり **What / Where / Who / When / How** を使う疑問文を用意するのです。ただし、漠然とした内容では相手が答えにくいので気をつけましょう。例えば『日本をどう思いますか？』というような質問は、どう？と言われても、日本の何について聞いているのかわからないので、相手もどう答えてよいかわかりません。ですから、できるだけ具体的に聞くことです。例えば『日本人はなかなか会議の場では本音を言わなかったりします。そういう場面に出くわしたことはありますか？ そのことをどう思いますか？』などの質問は大いに盛り上がります。

　相手に質問を用意しておく際に、もう一つアドバイスがあります。それは、**あなた自身の考えや気持ちも用意しておくこと**です。そもそも相手の気持ちや意見を聞いた後に、『ああ、そうですか』と言って会話を終えるのは一方的ですし、失礼です。相手も私の意見は言ったけど、あなたはどう思っているの？というのは知りたいところです。ですから、質問＋それに対する自分の意見を用意しておくと、とても気持ちよく一つの会話ができるでしょう。

17 英会話学校に行くなら予習したことを発表する場にする

　「英会話学校というところは、講師の先生がなんとかして私たちを英語が話せるようにしてくれるところだ。」そういう期待を持って待っている人は多いと思います。しかし、もしあなたが英会話学校に行っている時間しか英語を話さないのであれば、はっきり言ってあまり進歩はないでしょう。英会話学校に通っていない人よりはマシ…というレベルで、この状況になっている日本人は大変多いのではないでしょうか。そういうレベルで終わらないためにも、ぜひ**英会話学校の時間以外でも練習しましょう**。通勤途中で、お昼の休憩で、お風呂の中でも何回かレッスンの日に向けて練習しておくのです。そしてレッスンの時間には、一気に練習したことを披露するのです。少し大袈裟かもしれませんが、**英会話学校のレッスンは、学校の発表会みたいなもの**です。小学生の頃、発表会では観客のお父さんお

母さんの前でうまくできるように、あらかじめ何度も何度も練習したはずです。いきなり本番に臨んで上手く演技ができるという人はいないでしょう。演技がうまくなるためには、舞台以外のところでも大いに繰り返し練習をするものです。英語も同じで、練習することなくいきなりうまく話せるということはありません。舞台に出ている名俳優というのは舞台以外の場所でも必ず演技の練習を絶えずされている方です。ぜひ、レッスン以外の時間に自主練習を取り入れてください。

18 上級者は会話の後の復習がカギ

　ある程度英会話をすることに自信がある人は、予習なしでその場の会話を楽しむのもいいでしょう。私も最近はほとんど予習をしない状態で英会話を楽しめるようになりました。今では会話の内容にもついていけますし、相手の言っていることもほぼわかります。しかし、一方で自分の意見を求められた時に、頭の中で思っていることを100％うまく伝えられないことはあります。そういう場合は、会話が終わって一人になった時に、『今日はダメだったなぁ』と少し落ち込みますが、しかし自分の中で決めていることがあります。それは、そういう時こそもう一度一人で英文を作って話す練習をする、ということです。いわば復習です。**うまく言えなかったからといって、落ち込んで何もしなければ何の進歩もありません**。今度会話に参加した時も、また同じように話せないままかもしれません。です

から落ち込む暇があったら、一人になった時に先ほどの会話のやりとりを思い出し、自分が言いたかったことをもう一度英作文してみます。どう言ってよいかわからない時は辞書も使い調べます。そして相手を思い出しながら、もう一度英語で話す練習をするのです。それできちんと言えたらOKにします。うまく言えなかった話題は、質問文だけメモしておいて、次の日にもう一度何も見ずに流暢に言えるかどうかチェックします。こういうことを繰り返していくうちに、自分でもよりよい英文が頭の中で作れるようになり、表現の幅も広がりました。

　大切なのは、**うまく言えなかった時こそ、もう一度同じ話題を復習する**ことです。『うまく話せなかったな…』と落ち込む時間があれば、ぜひ復習する時間にあててみてください。きっと次回は成長した会話ができるようになります。

19 ダメな英会話講師と いい英会話講師の違い

　英会話学校の講師で欧米人とそうでない人ではかなりギャラが違うそうです。それは日本人が全般的に、欧米人の方が発音もよく、きちんとした英語を話すと思い込んでいるからでしょう。実は決してそんなことはありません。私は過去10人以上の欧米出身の外国人講師の先生と一緒に授業をしてきました。正直に言います。欧米人でもダメな人はダメです。ただ英語が話せるというだけで先生をしている人もいます。考えてみると、彼らは自分の母国語を普通にしゃべっているだけです。それなのに日本では普通よりもいい待遇を受けています。もちろん素晴らしい先生もいらっしゃいましたが、すべてとは限りません。

　いい講師の見抜き方を紹介します。

自分の書いた英文を見せてどれだけコメントしてくれるか試してみてください。その時に簡単な単語でもどう違うのか説明してくれる人がいい講師です。

　例えば「仕事」でも work, job, task はどう違うのだろう…と質問を一つ考えておいて講師に突っ込んでみてください。その時に、『だいたい同じだからどっちでもいいよ』なんて返事が返ってきたら要注意です。その講師は教えるという立場を半分以上放棄しています。いい講師は使う場面の違いや文法的なことを紹介してくれます。中にはすぐに答えられない講師もいますが、それは日本人が日本語の専門的なことを聞かれてもすぐに答えられないのと同じです。そういう時は少し注意して観察してください。いい講師は、『この前の質問だけど…こういう違いがあるんじゃないかと思う』というように、時間がたった後で説明してくれます。こういう講師はとてもいいと思います。テキトウにその場で自分の感覚で答えるよりもよっぽど信頼できます。一方で、向こうからまったく返事がない場合は、数日後にもう一度同じ質問をしてみてください。その時に、「またかよ…」というような少し面倒くさがる反応をしたり、「気にしすぎだよ。伝わればそれでいいから」なんて言って励ましてくる講師は二流です。そういう講師と英会話を継続していても、あなたの英会話がうまくなることはあまり期待できません。向こうは暇つぶしでやっているようなものです。今、英会話学校に通っている人はぜひ試してみてください。

20 オンラインレッスン『レアジョブ英会話』を活用する

　きれいな発音やきちんとした英会話力をつけるためには講師は欧米人がいい、と思っている人がいるかもしれませんがそうとも限りません。熱心でないテキトウな人も、私は今までたくさん見てきました。特にアメリカ人の中には、本当に発音も文法も気にしない人がいて、「別に通じればいいじゃん！」みたいな人が結構いました（もちろん素晴らしい先生もいました）。確かに今の日本人には最初はそれくらいの大胆さがあった方がいいかもしれませんが、一ヵ月もしたらそういうやり方は卒業した方がいいと思います。自分の今の英会話力を少しでも伸ばしたいと考えている人は、絶対にそうすべきです。特に自分の気持ちや意見をはっきり言いたいという「欲求」が出てきたら、いい講師を探した方がいいでしょう。そこで、読者のみなさんに知っておいていただきたいのは、**欧米人以外でも、知識**

料金受取人払郵便

牛込局承認

6899

差出有効期間
平成28年3月
14日まで

（切手不要）

郵便はがき

1 6 2 - 8 7 9 0

東京都新宿区
岩戸町12 レベッカビル
ベレ出版
　　読者カード係　行

◀お申し込み▶

小社図書のご注文はお近くの書店へ（店頭にない場合でもお取寄せできます）このハガキにてお申し込みの場合：弊社にハガキが到着してから4～7日ほどで代引きサービスにてお届けします。　送料は冊数にかかわらず合計金額1000円以上で200円1000円未満の場合は300円です。代金は商品到着時に配送業者へお支払い下さい。（代引き手数料込み）

ご注文書籍名	本体価格	ご注文数
	円	冊
	円	冊

お届け先ご住所　〒

お名前　　　　　　　　　　　　　　☎　　　（　　）

⚠こちらの面は注文書になります、ご感想等は裏面にご記入下さい。

愛読者カード

URL:http//www.beret.co.jp/

お手数ですがこのカードでご意見をお寄せ下さい。貴重な資料として今後の編集の参考にさせていただきます。個々の情報を第三者に提供することはありません。

■本書のタイトル

■お名前 　　　　　　　　　　　　　　　　　　　　■年齢　■性別

■ご住所　〒　　　　　　TEL　　　　　　　　　　■ご職業

■Eメールアドレス

●本書についてのご感想をお聞かせ下さい。

●こんな本がほしい、というご意見がありましたらお聞かせ下さい。

●DM等を希望されない方は○をお書き下さい。
●個人情報は弊社の読者サービス向上のために活用させていただきます。

もしっかりあって、教えることに熱心な講師がいるということです。

　私は現在『レアジョブ英会話』というオンライン英会話レッスンを受講しています。スカイプを使ってフィリピン大学の学生および卒業生と英会話をします（この英会話レッスンは個人的にかなりオススメです。講師の先生は全員フィリピン人で、一回 25 分のレッスンを毎日受講しても月 5,800 円（税抜）という格安です）。フィリピンはタガログ語が母語で英語は第二言語です。しかし、ほとんどの人が英語を話します。フィリピンではテレビやニュースは英語が日常的に使われているので、英語は公用語になっています。

　フィリピンは英語が母国語ではありませんが、立派な知識を持っていて素晴らしい英語を話す人もたくさんいます。中には私の英文を丁寧に、よりよい表現にする手助けをしてくれる先生もいて、本当に助かります。それに**第二言語が英語だからこそ、学んでいく過程で日本人と悩みや質問が同じであったりして、お互いにわかりあえることも多い**です。

　私は講師が欧米人でないといけない、ということはないと思います。もしそういう偏見をお持ちの方は、ぜひオンラインレッスン『レアジョブ英会話』を試してみてください。

21 英語が話せるようになるには段階がある

　最近は予備校での授業が中心になってしまったせいで、私はほとんど外国人と話す機会がなくなってしまいました。なんとか英会話の機会を作ろうと、オンライン英会話レッスンを受けています。現在の時点で、私はもうかれこれ3年以上利用させてもらっていますが、それでもうまく話せたり、そうでもなかったりを繰り返しています。「今日はいい感じだったな」と思ったり、自分の中では「ぜんぜんダメ！」なんて思う時もあります。いつもそういう繰り返しをしながら、実は話せるようになるまでの過程を楽しんでいるのかな、とも思います。

　もしあなたが英会話力をつけたいのなら、とにかく**定期的に英語を話す機会を持たないと成長がない**と思ってください。私の個人的な経験をもとに、どれくらいの頻度で英会話の機会を持てば、どのくらいの自信になるか、参考までにお話ししたい

と思います。

　週1回のペース（1回25分のレッスンです）の英会話だと、会話の前にまだ少し緊張してドキドキしてしまいます。「久しぶりなのでちゃんと聞き取れるかな」とか「言いたいことが話せるのかな」といった不安があります。ですからレッスンが始まる前にあらかじめある程度頭の中で英作文をして、その英文を何度か繰り返す、ぶつぶつ言ってみるというようなことをしました。

　週2回のペースにすると、予習なしでレッスンに挑めるくらいの自信や勢いは出てきます。ある意味度胸がついたのかもしれません。しかし自分の言いたいことが話せたかというと、そんなことはなく、失敗することの方が多いです。度胸がついた割には、やってみるとやっぱりダメじゃないかと落ち込むこともありました。

　週3回のペースになると、前回うまく話せなかったことを改善して、少しいい英文にする余裕がうまれました。2日に1回は英会話をしている感じなので前回のことも記憶に新しく、失敗を次につなげることができます。このあたりになると、英会話レッスンというよりは、先生と普通に「おしゃべりをしている」という感覚に近くなり、会話の中身自体を楽しみ、個人

的な話もできるようになります。

　私は現在週2〜3回のペースでレッスンを続けています。これが一年くらい続くと「街中でも外国人に話しかけてみようかな」くらいの気持ちになります。やはり、普段から定期的に英語を話す機会は欠かせません。

22 赤ちゃんはある日突然英語を話さない

　世間には「ある日突然、口から英語がスラスラ出てきた」という広告があるようですが、**そういうことは絶対にあり得ません**。そのような魔法がないのは冷静になればわかることです。そういう類の広告には、比べる対象としてよく「赤ちゃん」を挙げています。しかし、そもそも**私たち大人は、赤ちゃんとは言語習得能力がまったく違う**ということを知っておかなければなりません。赤ちゃんは特別なのです。正確に言うと 10 歳くらいまでだそうですが、この年齢の人間の言語習得能力は驚異的だそうです。はっきりとは解明されていないのですが、確かに聞いているだけでしゃべれるようになるようです。

　それなのに、世間では「赤ちゃんは文法も習っていないのに、英語を自然に話せるようになるではないか！ だから、ただ聞き流していればいいのだ。」というような根拠を持ち出し

ます。みなさん、よく考えてみてください。そもそも赤ちゃんも突然英語を話し始めたりはしないでしょう。「おはよう、ママ！ 今日の体調はどう？」なんて、ある日突然言うはずがないのです（怖いです）。最初は「ママ」とか「じじ」といった幼児語しか話しません。まともに会話ができるようになるのは、4歳とか5歳くらいでしょう。ということは、そういう幼児語を何度も繰り返し、赤ちゃんも話せるようになるのに4年、5年はかかっているのです。それでもまだ、まともに大人とは話ができず、言い間違いや知らない言葉に遭遇します。しかし、それでも彼らは間違いを恐れずどんどん話します。その結果すごく母語を話す能力が成長します。だから私たちも4、5年は間違いを恐れずどんどん話す練習をしましょう、と言えば「なるほど」と思っていただけるでしょうか。

　残念ながら人間は年齢を経るにつれ、15歳前後でその驚異的な言語能力は徐々に衰退してしまうのだそうです。幼い頃に外国での生活経験があり、外では英語、家庭内では日本語で親がしゃべってくれればバイリンガルは可能かもしれませんが、そうでない人は大変難しいことなので、妙な幻想を抱くのではなく、素直に勉強していく方が得策です。

　こんなことを言っていますが、私自身もその例外ではなく、最初はその魔法を信じていろいろと試してみました。しかし結局のところ英語はある日突然しゃべれるようにはならない、というのが自分の中で出ている結論です。私の場合、英語が話せ

るようになるにはあきらかに段階がありました。少し話せるようになったと思ったのに、次回はダメだったりします。それでも続けていたら、意外とうまく話せたな、なんてことも出てきました。最初は10回話せば10回失敗だったと思います。それでも続けていたら10回のうち1回とか、うまく話せる時もありました。この奇跡が嬉しくて練習を続けるわけです。そうするとそのうち10回に1回しか成功しなかったものが2回とか、3回とか徐々に増えていくのです。このあたりまで来ると「別にちょっとくらい間違えてもいいや！」というような前向きな気持ちになってきます。間違えてもいいからという気持ちがますますチャレンジにつながり、そこからは話す機会を自分からも求めていくようになります。そうすると少しずつではありますが伸びてきた感じがします。ですから本当に「徐々に」話せるようになってきたのです。私の場合、英語を話せるようになりたいと意識したのは25歳頃で、それから実質10年くらいかかったような気がします。

23 場数を踏んでどんどん間違える

　英会話がある程度できるようになるには、どうしても時間がかかります。日本人の子どもが、教えてもいないのにどんどん日本語を話せるようになるのはなぜでしょうか？　それは**子どもが、間違えてもその間違いをあまり気にせずどんどん話すからです**。大人との違いは、間違いを恐れないというところでしょう。

　大人になると誰でもそれなりにプライドがあり、人前で失敗するのを怖がるものです。しかし、この失敗を乗り越えない限り、絶対に英会話の進歩はあり得ません。つまり、とにかく**場数を踏んで、失敗を繰り返す必要がある**のです。失敗をすればするほど、また伸びたと考えるくらいでちょうどよいと思います。日本人はその失敗を恐れて第一歩さえもためらう人が多いように思います。一歩踏み出してみればわかることなのです

が、外国人の方はこちらの英語の良し悪しを気にしていません。気にしているのはあなただけです。もしくは周囲に失敗を見られたくないという、他の日本人に対する恥ずかしさなのかもしれません。しかし、その一歩が出ないことにはどんなに素晴らしい音声教材を聞いていても話せるようにはなりません。たとえあなたが、超有名な元プロテニスプレーヤーのどんなに素晴らしい指導やテクニックを収録したDVDを見ても、あなたがあなた自身で練習しないことには絶対にテニスは上手くならないでしょう？ それと同じなのです。

　これから私たち日本人は、ちょこっとの勇気を出して、日頃から英語を話して、どんどん間違えていきましょう！ **もしあなたが間違った英語を話しても、周囲の人はあなたのことを決してバカにしたりなんかしません。**むしろ頑張っているな！と勇気を与えられ、聞いている方は嬉しくなるくらいです。日本にいるたくさんの大人がこれからはそういう気持ちになって、ぜひ気軽に一歩を踏み出してほしいと私は思います。

24 日本を語れる人こそ国際人になれる

『英語を話せさえすれば国際人になれる、と勘違いしている人がまだ大勢いるのは残念だ。』

これは以前大学入試で出題された、英作文の問題です。これを読んであなたはどう思いますか？ 私は英語の講師をしていて、今までたくさんの生徒が「留学したい」と言うのを耳にしてきました。留学は英語を話せるようになるにはとてもいい手段だと思います。問題は費用とその時間です。私も高校教師になって一年目に留学したいと思いました。今でこそ白状しますが、その時は「日本の英語教育では英語は話せるようにならない」という気持ちもかなりあったと思います。私が高校で英語を教えていた時は、高校3年生の中には2学期あたりになると、必ず何人かが「留学したい」と言い始めたのを覚えていま

す。その時の彼らは、「日本の英語教育ではダメだ」と言っているようでした。

　当時の私も生徒も、心のどこかで留学をすれば英語が話せるようになる。日本国内にいては決して話せるようにならない。日本の英語教育だけではダメだと考えていたような気がします。つまり英語が話せないことを環境のせいにしてしまい、日本にいてはダメだ、海外の人と対等に話ができる国際人になるなんて、絶対に無理だと考えていたのです。しかしそれは本当でしょうか。今では私は少し考えが変わりました。

　先日、オンライン英会話レッスンを受講している時のことです。フィリピン人の私のお気に入りのある先生が、唐突にこう質問してきました。

　先生：「日本はなぜ閉鎖的な国なのだと思う？」
　私　：「えっ…？　なぜですかね…？」

突然こういうことを聞かれてすぐに明確な答えが出る日本人は少ないでしょう。先生は続けてこう言いました。

「日本は移民が少ないからよ。それに国境が接していない島国だから余計に外国人を受け入れることに慣れていないのよ。」私が「なるほど」と思っていると、それからさらに質問は続きました。

147

先生：「なぜ日本人は外国に移住しようと考える人が少ないの？」
　私　：「うーん…、なぜですかね？」

　これも答えに困りました。明確な答えが言えないまま時間が過ぎ、そうこうしているうちに先生がこう言い始めました。

　「あなたはフィリピンという国の現状を知っている？ フィリピンという国は世界でも最貧国の一つ。その日その日をどうやって生きていくか苦労している人もたくさんいるの。親に仕事がないから子どもは当然学校には通えない。子どもは家族のその日の食べ物を求めてゴミ採集場に行き、そのゴミ山を漁る。残飯をかきわけ、何か食べられるもの、お金に変わるようなものがないか一日中探しているのです。そしてやっと見つけた食べ物を家族みんなでわけて食べる。そういう子がたくさんいるの。そしてそういう子どもの中には感染症にかかって死んでいく子もたくさんいます。」こう言うのです。私はフィリピンという国が貧しいということは、本で読んだことがあったので知っていました。しかし現地の人から生の声を聞くのはまったく意味が異なり、何と答えたらいいか言葉を失ってしまいました。
　その後、先生はさらにこう話を続けました。「こんな国にいても、絶対に将来幸せには暮らせないとみんなわかっているか

ら、フィリピンの人はアメリカや中国、そして日本など、たくさんの国に移住するのよ。」「そうだったのか…」と私が納得した矢先、先生は私にこう言ってきました。

「あなたの国は、食べ物はすぐに手に入るんでしょ？ 体調が悪くなったらちゃんとした医療を受けられるんでしょ？ 犯罪なんてめったにない安全な所でしょ？ だから今のままでもすでに幸せなのよ。今の国にいても十分幸せだから、別によその国に移住しようなんて思わないのではないかしら。**あなたは自分の国がどのくらい恵まれているか、考えたことはある？**」

私は先生のこの話を聞いて、思いっきり頬を平手で殴られた気持ちになりました。まったく自分の国について説明できず、それどころか今の環境のありがたさすらしっかり認識していない自分にショックを受けました。日本人同士でいくら話をしても、こういう話題は出てこなかったでしょう。そう考えると英語を勉強してきて本当によかったなと思いました。

今回の件で私なりに思ったことがあります。**本当の国際人**というのは、**自分の国のいいところも悪いところも、胸を張って海外に発信できる人のこと**を言うのではないか。私はまだまだ国際人にはなれていないな、と思いました。

第4章

文法力をつける
ルール 10

> **1** 文法の勉強は
> スマートフォンの操作を
> 覚えるのと同じ

　私は携帯電話をスマートフォンに買い替えた時、操作を覚えるのにひと苦労しました。あまりにも初めてのことばかりで、メールひとつすぐに打てない自分にイライラしたものです。今はどうかと言われれば、「完璧に使いこなしているとは思いませんが、日常生活に不便はない」という感じです。

　英語の文法は、実はこれとよく似ています。メールを打つにも電話かけるのにも、そのやり方を知らなければ大変苦労します。もちろん適当にいじっていればそのうちできるようになるかもしれませんが、大変もどかしいですし、そんなことをするよりも誰かに「この部分をタッチすればいいよ」と教えてもらった方が話が早いでしょう。

　文法というと複雑で難しく、覚えられないと考えている人もいるでしょう。しかし、そもそも**文法はすべてを覚える必要は**

ありません。**使う部分だけ覚えればいい**のです。よく使うものだけ覚えて、あまり使わない文法ルールなんて別に知らなくてもいいわけです。

　スマートフォンを使っている私も、考えてみれば使っていない機能がたくさんあります。何百種類というアプリも出回っていますが、それらの使い方をすべて知っているかと聞かれれば、知らないに決まっています。知る必要もありません。今使っている機能といえば、メールと電話、カメラ、facebookにLINEとインターネットのyahoo。あとはたまに電卓や目覚まし時計を使うくらいでしょうか。その使うものだけ使い方を覚えれば、日常生活には十分なわけです。

　文法ルールは細部にまでこだわるときりがありません。おそらく大学入試問題が非難されるのは、そういう細部のあまり使わないような知識を聞いてくることがあるからでしょう。確かにそういう細部のルールも知っていればより便利です。しかし、きりがないのも確かです。そのあたりを割り切ってしまえば、文法もそんなに重くなくなります。

　日本には文法を教えることに、いまだに批判的な方がたくさんおられますが、それは違うと私は思います。**文法は覚えなくてもよい、たくさんやっていればそのうちわかるようになる、というのはどう考えても効率の悪い話**です。そういうルールは最初に知っておいても別に損はないわけですから。

2 英会話にも文法力は絶対必要！

　もし野球の試合中に、あなたがバッターで、打った後にいきなり3塁方向に向かって走って行ったらどうなるでしょうか？周囲のみんなはびっくり。そんなことをされたら試合が成り立ちません。そんな時に、優秀なコーチは『ルールはよくわからなくても、やっていればそのうち慣れてくる』とは言わないはずです。野球は選手全員がルールを守るから試合が成立するのです。

　文法についても同じことが言えます。文法のルールを知らずに、ただ思いついた単語を並べて話しても相手には思ったことが伝わりません。例えば『僕は彼女にプレゼントをあげた』と言いたい時に、英語では『僕→あげた→彼女→プレゼント』という語順で言わなければなりません。日本語とは語順が違います。こういうことがなぜおこるのか、その理由やルールを知らなくても、しゃべっていればそのうちわかるようになる、とい

うのはあまりにも乱暴な話です。そんな無責任なことを言うよりも、まずルール説明をしてあげればすぐに解決します。そしてあなたはそのルールを覚えて使ってみればよいのです。ルールを知らないままに話し続けていると、うまく伝わらないばかりか相手に間違った情報を伝えることにもなりかねません。英語では単語の順番を変えただけで誰が誰にプレゼントをあげたのか情報が違ってきます。

　このようにルールを知ることはとても大切です。ですから会話表現をただ丸暗記するよりも、使えそうなルールを覚え、その状況によって単語を入れ替えて英語を話す練習をする方がよっぽど効率的です。例えば、先ほど出した「あげた」という動詞 **give** は第 4 文型の動詞と言われ、動詞 **give** の後ろは（人 → もの）の語順になると決まっています。第 4 文型をとる動詞は他に **tell** も有名です。例えば、『彼にその事実を話しておいてくれますか？』を英語で言う時は **Can you tell him the fact?** と言います。大切なのは **tell** の後ろに、（人 → もの）という語順をとることです。同じ「話す」でも **speak, talk, say** はこのように使うことができません。なぜ言えないのか？ **speak, talk, say** は第 4 文型をとる動詞ではないからです。

　こういうことを覚えていくのが文法ルールを学ぶ一つだと考えてください。受験ならあれもこれもと第 4 文型をとる動詞を覚えないといけませんが、あなたが使いたいと思った動詞だけ、たちまち覚えればいいのです。

3 英文を暗記するのではなく ルールを暗記する

　文法の参考書の中には必ず例文が書かれています。みなさんの中には、英語の勉強といえば、とにかく例文を丸暗記して答えを覚えてきたという人もいると思います。学生時代の中間・期末テストは、学校の先生が文章自体もまったく同じものを出題するため、とりあえず英文を丸暗記しておけば点数が取れました。そのせいでほとんどの人は「なぜそうなるのか？」というような理由を考えることもなく、とりあえず英文を丸暗記してしまう傾向があります。この勉強法は、テストの点数を取るためならいいかもしれませんが、文法の力をつけるには効率の悪い勉強法です。考えてみると、英文を丸暗記するのはそうとうな労力です。たいていの人が嫌になります。その労力に見合うだけの成果が返ってくればいいのですが、その辛さのせいで実際は文法が嫌いになってしまう人も多いようです。あなたが

「報われる」ためには、ルールを覚えたことで**他の英文でも自分で使いこなせるようにならなければいけません**。頑張ったのに今まで報われていないとすると、それは覚えるポイントが間違っていたのです。

まず覚えておいてほしいことは、文法書の**例文は暗記しなくてもよい**ということです。ルールを使った結果、出来上がってしまったものが、たまたまあなたの文法書で見かけた例文だったのです。ですから例文自体が英会話に役立つ内容かどうかは特に考えられず編集されています。

ではルールを覚えるとはどういうことなのでしょうか。もしあなたがスマートフォンで、インターネットに接続して情報を検索したいと思えばどうするでしょうか。画面のタッチパネルのあらゆるところを適当に叩くでしょうか。決して適当には叩かないはずです。どの部分をタッチすればインターネットにつながるか、その手順を知るのがルールを覚えるということです。誰かにインターネットに接続した画面を開いてもらっても、後になって一人でできないのでは意味がありません。英文法のルールを学ぶのもこれと同じです。つまり英文法で言えば、**答えに行きつくまでの過程が大切なのであって、答え自体が大切なのではない**のです。それでは次のセクションでは、少し実際に英文法の学習に応用してみましょう。

4 暗記したかどうかは自分で英文を作って確かめる

　文法を学ぶのは英文を丸暗記するのではなく、その英文に行きつくまでのルールを覚えることが大切です。文法書に出てきた例文は、あくまでも文法を理解してもらうために著者が書いたものです。したがって、その例文以外の時にはどうなるのか、というのがわからなければ意味がありません。学生時代はそういうことを考えるのが面倒くさいので、例文をただ丸暗記することに走ってしまいがちでしたが、英語を話すための道具として今文法を学ぶのであれば、少し考え方を変えてみるとよいでしょう。

　例えばあなたが **give** という動詞を使いたいとします。ここで覚えなければならないルールは、**give** という動詞の後ろは（人）に（もの）をという語順にならなければいけないということです。こんな感じです。

158

He　gave　her　a gift.
　　　　　　(人)に　(もの)を

　このように動詞の後ろに(人)に(もの)をという語順をとる動詞のことを第4文型をとる動詞といいます。同じように第4文型をとる動詞としては **send, buy, show, tell** などがあります。こういった動詞は日常生活でも活躍することが容易に推測できます。ですから今度は自分一人でこういった動詞を使う練習をどんどんするとよいのです。それでは以下の日本語を今、英語で言ってみましょう。

　例1：この商品を自宅まで送りますよ。
　例2：昨日、母に高級かばんを買ってあげましたよ。
　例3：その書類を私に見せてくださいませんか？
　例4：英語を学ぶための、いちばんいい方法をあなたに教えてあげましょう。

どうでしょうか？ 共通して後ろには、(人)に→(もの)をという語順がくることが意識できれば **OK** です。あとは単語を知っているかどうかです。

　大切なのは、ルールを学んだ後、自分自身で英文を作れるかどうかです。ここを意識してください。今までの文法テストのように、答えの部分だけが空欄になっていて、そこに答えが入りさえすればよいという考え方はこの際やめましょう。これか

らは意識を少し変えて、自分で一つの英文が作れるか練習しましょう。それができれば、あなたが本当に文法ルールを覚えた証拠になります。

[解答例]

例1： **I will send you this product.**
例2： **I bought my mother an expensive bag yesterday.**
例3： **Could you show me the document?**
例4： **I will tell you the best way to learn English.**

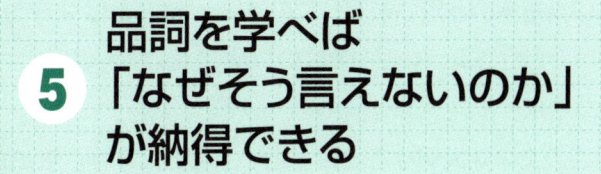

5 品詞を学べば「なぜそう言えないのか」が納得できる

　私は学生時代に、理由はよくわからなくても、たくさん覚えていけばそのうち英語は感覚的にわかるようになるのではないか、と思っていました。しかし、これは完全に間違った考えです。1,000 も 2,000 も英文を暗記したところで、なぜそうなるのか？というところに注目しなければ、できたりできなかったりを繰り返すだけです。

　例えば次の日本語を英語にしてみましょう。

『大切なことは、これを覚えることです。』

もしある人が

Important is remember this. と答えたらどうでしょうか。

この英文は間違っています。英文が成立していないのです。しかし、成立していないと言われても、何がどう悪いのか理解できない人も多いと思います。この時に、「なんとなくそうは言わない」というような理由ではいつまでたっても英語を話す自信はつきません。

　まずこの文の「大切なことは」という部分ですが、ここが英語では主語と呼ばれるものです。そして主語になるものは、名詞しかないということを覚えなければなりません。そう考えると、**important** は形容詞なので主語にはなれません。**important** が形容詞だということを知らない人も多いと思いますが、これも実は覚えなければなりません。

　それから、**is** の後半部分の「これを覚えることです」を文の補語と言います。補語は、名詞か形容詞しかないのです（この知識もとても重要なことなので覚えてしまいましょう）。それにもかかわらず、補語の部分に **remember** という動詞がきてしまっているので、今回の文はダメなのです。

　英文を成立させるためには、少し構造を変えて

　| To remember this | is important. なら文法的にはOKです。
　　　主語　　　　　　　　　補語

　なぜなら **to remember this** と **to** をつけることで、全体で名詞のまとまりを作ることができるからです。これは不定詞という文法分野で学べます。それから **is** の後ろに **important** を

置くことで、文の補語の役割を果たすことになります。補語になれるものは先ほど話したように名詞か形容詞ですが、今回の **important** は形容詞なので問題ありません。

> *ただし、この英文も通常は主語の不定詞の部分を It に置き換えて、to remember this は後ろに持っていくのが普通です。
>
> To remember this is important.
> (○) It is important to remember this.
>
> (It は to 不定詞 をさす形式主語)

では、**He is kindly.** とは、なぜ言えないのでしょうか？ 何となく言わないとか、聞いたことがないというのは理由になりません。それでは他の英文では応用が利かないことになります。

答えを解説します。**is** の後ろは文の補語の役割をしています。補語になれるものは、先ほど述べたように名詞か形容詞です。**kind** なら形容詞なので問題ありませんが、**kindly** は品詞が副詞なので、文の補語になることはできません。

こういった知識を身につけることが、文法を学ぶということです。文法にはどうしても品詞の知識が必要になってきます。これからは、単語を覚える時、品詞も意識するとどんどん英語ができるようになります。英語ができるようになるには、品詞の知識が実は絶対必要なのです。

6 文法は一分野ずつ完璧にしていく

　文法と一口に言っても、いろいろな項目があります。不定詞や動名詞、関係詞に比較、仮定法など様々です。どれからやればいいのかというと、外してはいけないのは5文型（文の種類）です。だいたい文法書のいちばん最初の章に説明があります。まず、英文はどうやって組み立てるものなのか、その大原則が書かれているので、これだけは絶対に学ばなければなりません。それ以外の項目は自分が使いたいと思った時に学ぶ、というスタンスでいいと思います。もちろん文法書を一冊学習しても構いませんが、途中でどうしても飽きてきます。使う必要にせまられて自分から学ぶのと、最初からすべて言われるがままに学ぶというのではモチベーションが異なります。ですから自分が英語を話そうと英文を作った時、なぜだめなのか？　どうすればいいのかという疑問がわいた時、それがどの文法項目

に該当するのかを見つけ、とりあえずその分野だけ学習してみるとよいでしょう。

　文法を習得する過程で、**たいていの人が嫌になってしまうのは、たくさんの文法項目がどんどん出てきて、頭の中で整理が追いつかないから**です。学生時代のテスト範囲が決められた文法学習ではありませんから、そもそも参考書を1ページから順番に読んでいく必要もありません。それに一週間に2つも3つも文法分野を勉強しないといけないのではありません。ですから、**まずは一つだけでいいから一週間くらいかけて学習すると頭に入ってきます。一つの分野だけでもできるようになると自信になりますし、次もやってみようかなという気持ちにもなります**。ですから今日は不定詞、明日は動名詞、あさっては関係詞という勉強法ではなく、今日も明日もあさっても不定詞！というやり方の方が私はいいと思います。

　もしあなたが会社で、今日一日にしなければならない仕事を、朝一番に上司からあれもこれも一気に言われると頭が混乱してくるでしょう。そんなに今日一日でしないといけないのかと思うと、始める前から気分がブルーになります。そうではなく、「とりあえずはこの一つを午前中にやっておいてくれる？」と言われれば、そんなに負担に感じませんし、落ち着いて取り組めます。英文法を学ぶのも同じように考えてみてください。それに、仕事には締切があると思いますが、文法学習に締切はないのです。自分のペースですればよいのです。

7 苦手分野は20分×6日間連続で克服できる

　文法学習は、「まず一つの分野だけをしっかりやってみよう」というスタンスで取り組むと挫折しません。ここで気をつけていただきたいのは、その取り組むペースです。

　例えば、関係詞について学習しようと思った時、大切なのは**ある一定期間は毎日関係詞の学習を続ける**ことです。挫折してしまう典型的なやり方は、『さあ、今日は一日みっちり関係詞をするぞ！』と意気込んで一日に3時間も4時間もしてしまうことです。いくら集中してやったとしても人間は時間が経つと必ず忘れてしまいます。**英語ができるようになるためには、実は単語は忘れてしまっても、文法だけは絶対に忘れてしまってはいけないのです。**

　例えば普段あなたは歩く時に、『まずは右足を前に30センチ出した後、遅れないように左足も前に出す。その時に右腕は

…』と意識して歩いているでしょうか。歩くという動作は考えることもなく、体が覚えていて自然に動いてくれます。文法を会話に使えるようになるには、こういう「自然さ」が必要なのです。そうでないと英語を話すことはなかなか難しいのです。

　そもそも歩くことに関して考えてみると、私たちはいつから自然に歩けるようになったのでしょうか。赤ちゃんはある日突然歩き出したりはしません。つかまり立ちから始まって、よちよち歩きをし、何度も転びながら徐々に歩けるようになってきます。『なんて危なっかしいんだっ』と思うような歩き方から普通に歩けるようになるまでには、かなりの時間がかかっています。しかも赤ちゃんは毎日歩く練習をしています。そう考えると文法学習も同じで、文法をそもそも一日で習得するのは無理なのです。**文法の学習も何日もかけながら、じっくりゆっくり、じわじわ体に染み込ませていくのがいい**のです。

　毎日練習することはとても大切なことです。毎日することで体に染み込んでいくからです。学習する機会に時間的な空白があると、学習効果がかなり下がります。今日不定詞を勉強して、次に不定詞を勉強するのが一週間後ではよくないのです。なぜなら前回の内容を忘れてしまうので、また一から覚えなおさなければなりません。そういう時間を省くためにも、オススメは20〜30分程度の勉強を一週間連続ですることです（6日間連続＋最終日に6日分を総復習）。この時に、一回の勉強が長くなりすぎてしまうと、次回の勉強が億劫になります。少し足

りないくらいで次回に持ち越し！という感じがオススメです。
　テレビドラマを見ていると、「次はどういう展開になるのだろう？」と気になって仕方がないところで『つづく』になるものです（笑）。そうすると来週も絶対見なきゃ！と楽しみになります。逆に話の先が読めてしまうと、次が楽しみにもならないし、見る気が失せてしまいますよね。文法学習も、そういう風にならない工夫をしてみてください。

8 文法書は辞書のように引く

　文法学習をする際に、あった方がいいものは文法の参考書です。ただ、みなさんの中には文法書を最初から最後まで終わらせることを目標に頑張ってきた人もいると思いますが、それはあまり効率のいい勉強法ではありません。私もやった経験がありますが、とにかく単調ですぐに飽きてしまい、途中からただ読んでマーカーでチェックしているだけになりました。大切なことは自分がその文法を実際に使えるようになったかどうかなので、読むことがメインであってはいけないのです。ではどうすればよいかというと、そもそも**文法書は最初から最後まで読む必要がありません。携帯電話の説明書を隅から隅まで読む人はいません**。メールを使いたい時は、『メールの使い方』という箇所を目次で探し、そこだけを読むでしょう。文法の参考書もまったく同じような感覚で使ってください。それは**わからな**

い単語があった時に引いていた辞書の使い方と同じです。そういう風に使えば、文法書は英語を教えてくれる立派な先生になります。あなた専属の家庭教師が一人いるようなものです。ですから文法書を選ぶ時は、ぜひあなた好みのものを選んでください。インターネットで購入するよりも、実際に本屋さんに行って、手に取って見てみましょう。これからあなたを助けてくれる重要な英語の先生ですから、見た目だって重要です。なぜか生理的に受けつけないな…という先生も今までにいましたよね？（笑）そういう先生には質問にも行きづらいものです。表紙のデザインやレイアウト、中身の説明、口調や色使いも大切です。カチッとしたフォーマルな説明が好きな人もいれば、口語体で話しかけるように書かれているものが好きな人もいるでしょう。紙の質も気になる人は気になるようです。そういったもろもろのことを考えながら選んでください。ただし、あくまでも中身がわかりやすいことが最優先であることは言うまでもありません。

　文法の参考書を選ぶ際のオススメのやり方は、自分が苦手な文法分野を一つだけ思い浮かべ、本屋さんに行ってその項目のところだけを読んでみればいいのです。何冊か読んで比べてみれば、自分にとってわかりやすい参考書か、そうでないかに気づくと思います。

9 文法問題集はルール解説のあるものを選ぶ

　自分に文法力がついているかどうかは、英文を自分で作ってみるか、文法の問題集を解いてみるとわかります。ここでは文法の問題集をやってみようと思う方に少しアドバイスをしようと思います。

　まず、文法問題集を選ぶ時は、答えにルール解説がきちんと書いてあるものを選びましょう。例えば4択になっている文法問題の場合、中には答えの番号だけ書いてあるものもあります。そういうものではなく、**少なくとも答えの根拠になる文法項目やそのルールが書かれているものがよい**でしょう。自分で問題を解いて答えを見た時、「これは不定詞の名詞的用法で答えは〇番に決まる」というようなことは最低限ほしい説明だと思います。それさえわかれば、自分の持っている参考書で同じような項目を探し、学ぶこともできるでしょう。

文法を勉強していて嫌になってしまうものの一つに、文法用語があります。例えば『時や条件を表す副詞節中では、未来のことであっても動詞は現在形で書く』と解説にあっても、この書かれている内容がわからなければ意味がありません。「時や条件を表す」とはどういう意味なのでしょうか？　そもそも副詞節とは何でしょうか？　この文法の解説を理解するには、副詞節がどういうものなのかをあなたは知る必要があるのです。ですから副詞節についての説明がわかりやすく書かれている参考書を手に入れたいところです。

　それから、文法問題を解く際に少し意識してほしいのは、自分が英語を話す時にそれを使う必要があるか？ということです。使いそうにないものはとりあえず無視しても構いません。例えば入試問題では倒置や強調構文といったものもよく出題されますが、日常会話で使うことはそんなにないと思います。そう考えると、英語が話せるようになりたいと考えている人には、こだわって学習する分野ではないかな、と思います。

10 なぜダメなのかに注目する

　文法を学ぶ最大のメリットは、自分が英語を話そうとした時に、その英語が正しいか正しくないかを自分で判断できるようになることです。もし自分が話した英語が間違っていると指摘された時に、なぜ間違っているのか、その理由を知っておくことが大切です。その理由がわからない限り、あなたはまた同じ間違いを繰り返すでしょう。確かに『そうは言わないから、とにかく覚えてしまおう』というものもありますが、すべてそれで解決できるものではありません。だいたい、ただ覚えろというのであれば、永遠に覚え続けなければなりません。そうなるときりがありませんし、いつになったら自分の思ったことが話せるようになるのかわかりません。それになにより単調ですぐに飽きてきます。しかし、**文法ルールを覚えてしまえば自由自在に自分で英語を操れるようになります。**

なぜ自分の言い方は間違っているのか気づくためには、文法問題集が意外と効率がよいと思います。よく入試問題ばかりやるから英語はいつまでたっても話せるようにならないのだという指摘も受けますが、私はそれは言いすぎだと思います。確かにやりすぎるのはよくありません。バランスは大切にしたいと思います。しかし、入試に出てくるような文法の問題集も注目する箇所に気をつければ大人でも大いに役に立ちます。例えば4つの選択肢があった場合、答えは1つです。選択肢のa〜dまでの中で、あなたが仮にbを選んだが、答えはaだったとします。この時にほとんどの人は解答aだけに注目し、aを覚えようとします。そしてaになる理由や根拠を覚えるというのが普通のやり方です。しかし、大切なのはそこではありません。あなたが選んだbがなぜダメなのか？という理由に注目することです。この文章でbを選んでしまうと、なぜか文法的に成立しなかったり、不自然な意味になってしまうはずです。その理由を調べたり勉強しないのであれば、次回もあなたは同じ間違いをする可能性があります。それでは成長がないですし、意味がないのです。答えを覚えるために文法問題を解くのではありません。なぜ自分の選んだ答えがダメなのか？ということを考えさせてくれるのが、文法問題を解いてみる最大のメリットなのです。

第5章

リスニング力をつける
ルール22

1 リスニングの勉強はスポーツと同じ

　『どれくらい勉強したら英語が聞き取れるようになりますか？』私はこういう質問をよく受けますが、残念ながら『それは、その人による』としか答えようがありません。理由があるんです。
　リスニングの勉強はスポーツに似ています。例えばあなたがテニスを習い始めたばかりの人だとしてください。「テニスはいつになったらうまくなりますか？」と聞かれたら、それはその人の練習量による、としか言いようがないのではないでしょうか。「週一回の練習でうまくなれますか？」と聞かれれば、それはやらないよりはましだし、それでも続けていれば徐々にうまくなっていく、というのは誰でも推測できることでしょう。もしあなたが周囲の人から、『最近、うまくなったね！』と言われたとすると、それはあなたがどのくらい練習をした時

なのでしょうか？

　私は留学経験なしで、英語が聞き取れるようになりました。ですから日本にいてもやり方次第で必ず聞き取れるようになります。ただ、私の場合は聞き取れるといっても限度もあります。例えば映画を字幕なしですべて理解できるかと聞かれれば、正直それは今でもまだきついです。しかし、外国人の方とこれから一日英語を話しながら過ごしてくださいと言われたら、別に問題なくコミュニケーションはとれると思います。まだ決して完璧とは思いませんが、日常生活においては特に問題はないかなとも思います。

　今から考えてみると、私の場合ここまでくるのには、ある程度時間はかかったというのが正直な感想です。ある日突然テニスがうまくならないように、**ある日突然英語が聞き取れるようになったとも思いません**。確かに『今日はいつもより、なんかよく聞き取れたな』という日もありますが、それは自分の知っている話題であったり、話された内容に出てきた単語をたまたまよく知っていたからだと思います。ですからリスニング力がつくにはある程度時間はかかる、というのが私の考えです。

2 週1で2時間するより 20分×6日間連続 の方が効果大

　リスニングの勉強はどのくらいのペースですればよいのでしょうか？　私の考えでは、週1回よりは2回の方がいいですし、もっといいのは毎日することです。リスニングの勉強のペースは、先ほども述べたように、スポーツの練習をイメージしてもらえれば非常にわかりやすいと思います。週1回6時間の練習をするより毎日1時間、6日間する方があきらかにうまくなれそうな気がしませんか？　それに毎日する方が健康的だと思います。リスニングの練習もまさにこれと同じことが言えます。

　リスニングの勉強は一日に一気に2時間とか3時間するのはオススメしません。なぜなら学習効果が薄いからです。『今日はリスニングを徹底的にやるぞ！』というような勉強法は何かちょっと違うのです。もし一日に一気に2時間してしまう

くらいなら、トータルの時間数が同じでも20分を6日間続けることをオススメします。

　私の個人的な話になりますが、実は高校教師時代にまったく経験がないのにソフトテニス部の顧問を任されたことがあります。毎日、放課後の練習に参加すれば少しは成長したのでしょうが、なかなか忙しくて参加することができませんでした。その結果、指導はもちろんできませんし、自分自身もまったくテニスの腕がよくなることはありませんでした。しかし、夏休みに入ると比較的時間に余裕も出てくるため、一週間毎日練習に参加できたりする時もありました。そうすると面白いもので、だんだん自分でもいいサーブが入るようになったりして嬉しくなったのを覚えています。今から考えるとやはり**毎日継続して練習することがとても大切**だったと思います。これは英語の勉強にも同じことが言えるのではないでしょうか。特にリスニングの勉強を始めて間もない頃は、短時間でもよいので毎日することをオススメします。

3 苦しいのは案外最初だけ

　リスニングの勉強を本格的に始めた人は「自分なんかが本当に英語を聞き取れるようになるのだろうか」という不安があるかもしれません。ひょっとすると自分だけ能力的に劣ってはいないだろうか、このような悩みをお持ちの方もいるかもしれませんね。しかし、安心してください。私自身がそういう思いでスタートして、今は聞き取れるようになりましたから。あなたも必ず聞き取れるようになります。

　ぜひ知っておいてほしいのは、苦しいのは意外と最初だけ、ということです。最初はわからないことだらけなので不安になるのも当然です。もしあなたがテニスを習い始めたばかりなら、最初は何をやってもうまくいかないでしょう。ラケットの握り方もスイングの仕方も、足の運び方も、ルールさえも知らないのですから当然です。最初の一ヵ月くらいはどうしても苦

しみます。しかし一ヵ月くらい本気で続けていれば、最初ほどの辛さはなくなります。一ヵ月もすればラケットの握り方は覚えています。スイングだってそれなりにできるでしょう。毎日コートに出ていれば、足の運びだってなんとなくわかってくるものです。そうなると徐々に試合を意識した練習もできるようになるので、ますます面白さが増します。そこまで到達できればもう波に乗ってきます。

　リスニングも同じ感じです。ただし、その波に乗るまで、**最初の一ヵ月くらいは集中して毎日やる**ことをオススメします。とにかく毎日する、というのがとても大切になってきます。最初はわからないことがたくさんあります。聞き取れないどころか、そもそも読まれた英文の中に出てくる単語を知らなかったりするので、その単語を覚えることからしなければならないかもしれません。しかし単語を覚え、知っている単語が増えればわかる範囲が広がります。今まで見えてこなかったものが見えてくることもあります。ですから最初はどうしてもコツコツ頑張ってほしいと思います。

　ずっと大変なままなのか？というと、ある程度の期間継続して勉強できたら、実は少しくらいはさぼっても大丈夫です。テニスで考えてみてください。少し練習しなかったからといって突然まったくできなくはならないでしょう。また練習を再開すれば元の感覚を思い出すはずです。私の今の英語力はそんな感じです。一週間英語を聞かなかったら途端にリスニング力が落

ちるかというと、そんなことはないです。しかし一年も休めばやはりリスニング力は落ちていくと思います。でも訓練すればまた回復するとも思います。

　リスニングを始めて苦しいのは最初の一ヵ月くらいです。それを乗り越えれば聞き取れる範囲も出てきて、楽しく感じることも増えます。苦しさがずっと続くわけではありませんから、とにかく一ヵ月は続けてみてください。

4 どんなリスニング教材を使えばよいか

　リスニング力をつけるために、どんな教材を使えばいいのかというと、あなたの今の英語力に合ったものを選ぶことが重要です。意気込みだけで、いきなり海外の英語ニュースを聞いてもそれは無理です。ではどう選べばよいのか？　選ぶ基準の一つとして、まず音声で流れてくる文章全体にあらかじめ一度目を通してみてください。その時にわからない単語があまりにも多すぎる場合、その音声教材は今のあなたには難しすぎます。文章の中に、多少はわからない単語はあるが、辞書で調べなくても読めばだいたい内容はすでにわかるぞ、こういったレベルのものを選ぶといいです。**読む教材としては少しやさしすぎるかもしれない、というのがリスニング教材にはちょうどよい**と思います。なぜかというと、耳を鍛えることが中心であるはずなのに、読まれてくる音声の中にあまりに知らない単語が出て

くると、その単語自体も調べたり、覚えていかなければなりません。これは非常に負担です。そのうちすぐに嫌になってしまいます。最初は、「なんだ、案外いけるぞ」というようなレベルから始めるのがよいでしょう。

　具体的な名前を挙げてみると、英検のリスニング問題などは級別になっていますから、今の自分のレベルに合わせて非常に選びやすいと思います。ほかにも、現在の大学入試センター試験の英語リスニング問題もオススメです。非常に様々な場面を想定して作られていて、内容も日常英会話として十分に役に立ちます。一方で、TOEICは少しビジネスの場面に限られてしまいますし、問題もやさしいものから難問まで用意されていますので、初級者は少し戸惑うかもしれません。なんせスコア400点の人も900点の人もまったく同じ問題を解くわけですから、作成する側もやさしい問題と難問を混ぜざるを得ません。それに、TOEICは一度しか問題が読まれませんし、一問の解答時間が非常に短く、瞬発力が要求されます。Part 3，4などは設問の選択肢を問題が始まる前に先読みすることも求められます。TOEICでももちろんリスニング力はつきますが、要領やテクニックで解けてしまうものもあります。

　問題集に気の進まない人は、ストーリーやインタビュー、トーク集といったものにチャレンジするのもいいかもしれません。ちなみに私のお気に入りはDHCの『大杉正明のCross-Cultural Seminar』（大杉正明／スーザン岩本・著）です。日

本とアメリカの文化の違いについて、面白おかしく講師の先生方がトークをしている様は非常に興味深く、話の内容自体が勉強にもなり、もちろんリスニングの勉強にもなってしまいます。洋画をすすめる先生もいると思いますが、洋画のリスニングレベルは超ハイレベルです。英検1級に合格した人でもなかなか難しいですよ。しかし、あなたがよっぽど大好きな映画があるなら10回20回と見て、聞いてセリフも覚えてしまうくらいまでやるのもいいでしょう。そうすればかなりのリスニング力もつくでしょう。それに比べて、海外の連続ドラマであればもう少しわかりやすく、ストーリーが続くのでいいかもしれませんね。こういったものは最近ではレンタルビデオ屋さんでも簡単に手に入ります。一方、冒頭に書いた英語ニュース（CNNニュース、CBSニュース、BBCニュース、VOAなど）はTOEICで600点以上の人ならチャレンジしてもいいのかな、と思います。少なくとも初級者にはハードルが高すぎます。いずれにしても、こればかりは自分の身の丈に合ったものから始めることをオススメします。

5 TOEICのPart 2なら忙しい時でも勉強できる

　仕事をしながら英語の勉強をするのはとても大変です。リスニングの場合は音声を準備する手間がかかる分、余計に億劫になってしまいます。忙しい時は特にリスニングの勉強はできないと思いがちですが、実はそうでもないのです。前のセクションでも言いましたが、少しでも毎日すれば必ず効果が出てきます。ですから最初は3分でもいいので毎日してみてください。3分でリスニングの勉強ができるわけがないと考えている人もいますが、TOEICのPart 2の問題なら十分可能です。Part 3や4は問題自体も難しいかもしれませんが、Part 2なら初級者でも大丈夫です。なんせ1問30秒くらいで終わってしまいます。そう考えると音声を取り出す時間を考えても2, 3問はできそうな気がしませんか？ リスニングの勉強を始めた頃に取り組む問題としてはTOEICのPart 1の写真描写問題もオ

ススメの一つですが、これはテキストを見ながらでないとできないので、いつでもどこでもというわけにはいきません。ですから私がオススメするのはPart 2です。それに取り組みやすい理由がもう一つあります。Part 2は解答の**選択肢が3つしかない**ということです。他のPartはすべて選択肢が4つあります。この時点で正解する可能性が、選択肢が4つの時は25%なのに対し、**Part 2だけは正解する確率が33%**にもなります。つまり他のPartよりも正答率が約10%も高いことになります。最初は少しでも達成感を味わうために、正答率は高い方がやっていて気分がいいでしょう。あまりにもできないと、リスニングの勉強が嫌になってしまいます。初めでこけてしまうとそれだけでリスニングに対してネガティブなイメージが根付いてしまいます。それを避けるためにも、「案外いけるぞ！」と自分に思い込ませることも大切です。

6 聞き取れると優越感に浸れる

　英語を話せることに比べて、聞き取れることは一般的に地味に思われがちですが、そんなことはありません。**英語が聞き取れることで、他の人は気づいていない情報を自分だけは手にすることができる**のです。これは英語が聞き取れる人の特権です。

　少し個人的な話になりますが、以前私が勤めていた学校に、あるアメリカ人講師の先生がいらっしゃいました。その先生とは毎週一回ランチをする約束をし、2人でよく学食に行っていました。最初は英会話の練習につきあってもらいたいという理由で、私がこのランチを提案したのですが、後になって案外その先生も喜んでくれていたことがわかりました。その先生は日本語がほとんど話せなかったので、職場で他の先生と会話をする機会がほとんどなかったようです。しかし、私とはたくさん会話ができたので、非常にいい気分転換になったと言ってくれ

ました。そして、ランチをするようになって半年がたった頃には、お互いのプライベートな話をする仲にまでなっていました。そうするとその先生がある時、思いもよらないことを話し始めたのです。『日本人は冷たい』と言うのです。基本的に日本人の先生たちからは話しかけてくれなかったので、日本人はとても冷たいと思っていたようです。そしてちょっとした誤解も生じて、快く思わない先生もいたそうです。そういう話をするようになってから、不思議と私たちの仲は、ますますよくなりました。英語でちょっとした悩みをお互い言えるのは、なんとも言えない喜びでした。私の方も、他の日本人の先生には言えないようなことを、英語でならなぜか言えたりしたのも不思議でした(笑)。おそらく英語なら、声を大にして話したとしても、他の先生にはわからないという安心感があったからかもしれません！

　ある時、そのアメリカ人の先生が職員室の私の隣の席までやってきて話を始めました。内容はある先生についての愚痴でした。私がハラハラドキドキしたのは、愚痴を言われている当の本人がすぐそばにいたことです。しかし、その本人はもちろん、他の誰も話の内容を聞き取れていない様子で、するとそのアメリカ人の先生の言っていることを理解できたのはその場の中で自分一人ということになります。他の先生方には少し申し訳ないのですが、この時、何だか妙な優越感に浸ってしまったことを、私は今もはっきりと覚えています。

7 リスニング力向上のカギは復習がすべて

　リスニング力を上達させる秘訣は復習がすべてです。『なんとなくわかった気がする』とか、『だいたい聞き取れているから、まぁいいだろう』という状態でよしとしてきた人は多いと思いますが、本当に自分に力がついてきているのか不安になったことはないでしょうか？　私の考えでは、曖昧に聞き取った英文をたくさんこなすだけでは、「英語を聞き取れるようになった」という実感は得られないと思います。それではいくら繰り返しても、内容が当たったり外れたりといった状態から抜け出せないでしょう。

　これからは少しやり方を変えてみてください。一つの問題を何度も繰り返し、この会話のやりとりだけは完全に聞き取れるようになった、という状態に持っていくことを目指してください。完璧に聞き取れた会話を一つでも多く積み重ねることが自

信につながります。

　例えばあなたがリスニングの勉強で、ある会話問題を聞いて問いに答えたとしましょう。ほとんどの人は正答率がいちばん気になるところです。しかし、**答えが正解・不正解にかかわらず、その会話のやりとりがどのくらい本当に理解できたのか、ということに重点をおいてほしい**のです。そのためには、答え合わせをした後に、必ずスクリプト（読まれた英文）を確認して内容を理解しましょう。そしてわからない単語があったら必ず訳を見て意味を確認してください。ただ英文に目を通すだけの人がいますが、それでは意味がありません。英語はコミュニケーションの道具です。訳をすべて確認した後は、実際に声を出して読む練習をしてください。**どんな場面で、誰が、誰に対してどんな気持ちで話しているのか、そこまで想像して声に出してみることが大切**です。そうすると、今まではただの文字だったものが初めて生きた会話に変わります。リスニング力の向上にはこのような復習が絶対に欠かせません。

8 大量に聞くよりも同じ問題を何度も聞く

　リスニングの勉強をしている時に、『とにかくたくさん問題をこなしていけば、いつかは英語が聞き取れるようになるはずだ』と思っている人は多いのではないでしょうか。残念ながら、その勉強法だとなかなか効果は出ません。かなりの遠回りをしています。「いやいや、聞いて終わりではなく、音声の内容を後で読んで確認しますよ」という方。そこまではいい勉強法です。しかし、そこから先がもっと大切だということをあなたはご存じですか？　書かれた内容を「なるほど、そういうことを言っていたのか」と目で見て納得するところで終わってはいけないのです。それではただ英文を読むという勉強であって、リスニングの勉強ではないからです。ではどうすればいいのでしょうか？　大切なのは、内容がわかった上で、それが音声だとどのように伝わってくるのかをもう一度確認することで

す。つまり1回聞いて終わりではまったく意味がないということです。ですから何回も聞き直しましょう。1回といわず、2回、3回、いえいえ5回、10回と聞き直してください。

　よく生徒の中にも、問題を解いて答え合わせをしたら終わりという人がいますが、これでは実は何の進歩もないのです。うまくいかない原因は音声ではどのように伝わってくるかがわからなかったことなのですから、それをもう一度聞いて確認しなければなりません。まったくそこに目を向けずただたくさん英語を聞いて問題をこなしていくというやり方は、時間だけ費やしていて何の成果もでません。

　これはダイエットに成功しない例とよく似ています。「痩せたい」と思いながら特別な努力もせず、いつもと同じ食生活では変化はないでしょう。それなのに毎日体重計に乗っては、痩せていないことにため息をついているのと同じです。痩せる努力をしていないのですから、体重は何回測っても同じなのです。ダイエットをしたいのなら、やはり運動をするとか、食べる量を減らすとか、今までの自分と違う何かそういったことをしない限りよい結果は期待できません。

　リスニングについても同じことが言え、何度問題を解いてテストをしてみても、結果は変わりません。答えがあたる時もあれば外れることもあるという繰り返しです。**本当に聞き取れるようになっている人は、そもそも答え合わせをしなくても自分が正解しているか、していないかはわかるものです。**

私は今でもよくTOEICを受験しますが、リスニング問題でたまに集中力が切れてしまい、「あ、やっちゃったぁ…（笑）」という時があります。その時は試験が終わった後も、どの問題を聞き逃してしまったかということはよく覚えています。しかしそれ以外の問題については、答え合わせをしなくても正解している自信があります。聞き取れるようになると、聞き逃してしまって解けないか、完璧にわかったか、そのどちらかになるものです。

　リスニング問題にもよりますが、答えをa〜dの中から選ぶといったものなら、運良くテキトウにやっても正解することがあると思います。しかし、本当に内容が聞き取れたかどうかは自分自身がいちばんわかっていると思います。正直その段階では正答率など、どうでもよいくらいなのです。答えの部分だけ聞き取れたというのも意味がありません。それだとその問題だけは解けるけれど、他の問題には太刀打ちができないからです。

9 英単語を映像化する

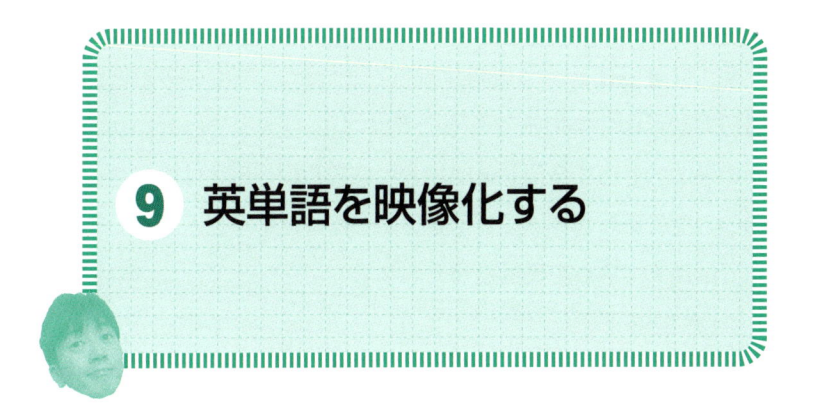

みなさんは、英語がスラスラ聞き取れている人の頭の中はどういう状態なのか興味があるのではないでしょうか。一言で言うなら、**音声を聞いているとその場面や映像が頭に思い浮かぶ感じ**です。これは英文の単語を一つ一つ日本語に訳していたのでは絶対に間に合わないことです。それではどういう訓練をすればよいのかアドバイスしてみたいと思います。

まず今のあなたのリスニング力がどれくらいかにもよりますが、もし次のような症状が出ていたら要注意です。単語は聞き取れるのに、文章になると「左から右にただ英文が流れていった」とか「英文が流れ終わった後で初めて意味を考え始める」という感じでは、聞き取れていない典型的なパターンです。

そういう人は、今は大量に音声を聞いてもダメです。初めは短い文章でもいいので、**単語を日本語に訳すのではなく、映像**

195

にする訓練をしてみてください。

　例えば **a girl** という単語が流れてきた時に、『女の子』という日本語が頭の中に出てくるのではなく、『大人ではない幼い女の子、おそらく身長も低い、かわいらしい…例えば小学生くらいの女の子』をイメージできているか、ということです。それでは英文になった時はどうでしょうか。

A girl running in the park is my daughter.

　最初の主語の部分で、あなたは幼い女の子が走っている姿を、頭の中で想像してください。しかもそこはどうやら公園のようです。ブランコとか、砂場が頭の中に出てきてもいいでしょう。ここまでが主語です。その女の子がどうしたのか？と耳をすませてみると、どうも娘らしいです。しかも『私の』娘と言っているわけですから、発言している人は大人で親だったのか！ということがわかります。しかも親がこういう発言をするということは、誰かに自分の娘を紹介しているということです。では、相手は誰なのでしょうか？　おそらく次の発言をする人がその相手でしょう。

　この短い一文だけで、あなたはここまで頭の中に描いたことがありますか？　私は描くようにしています。このような訓練をしていれば、和訳が追いつかないということは起こりません。なぜなら日本語に訳すというよりは、映像ですから映画を

見ているような感覚だからです。

　この訓練をする時は、**リスニング問題の英文を読んだ後に、その場面をまずあなたなりに頭の中に映像化してみる**ことです。そしてもう一度英文を自分で声に出して読んでみます。ここで大切なことは、英文が書かれているテキストからは時々目を離すことです。なぜなら、**文字を見て映像が浮かぶのではなく、音を聞いて映像が浮かぶようにしなければいけないから**です。それができたら今度は本物の英語の発音を、CDを使ってもう一度流し、その音声が流れた時に映像が出るか、もう一度確認してみるのです。こういう訓練を継続していると、音声に追いつかないということは減ってきます。英語は英語のままで理解するべきだ、などということを聞いたことがあるかもしれませんが、まさにそれは音声を映像化するというようなことを言っているのです。

10 場面を映像化する

「英文を読んだり聞いたりした時に、日本語に訳しても内容が入ってこないのですが、どうしたらいいでしょうか？」

こういう悩み相談を受けることがあります。こういう時は内容が少し抽象的な場合が多いように思います。単語の意味もわかっているし、日本語訳も理解しているつもりですが、文字が頭の中をただ通過しただけなのです。みなさんもそういう経験はないでしょうか？

ではどうすればいいかというと、これから言う内容を意識してみてください。前のセクションでも書きましたが、日本語訳を越えて映像が出てくるか？ということです。前のセクションでは単語を映像化するという話をしましたが、今回はその発展編です。長い英文を聞いた時に、それを映像化することを目指しましょう。具体的に説明してみようと思います。大学入試セ

ンター試験に出題された英文を使って説明してみます。

～ Almonds came from the Middle East. Gradually, they spread to northern Africa and southern Europe along the shores of the Mediterranean, ～

(2012年度　大学入試センター試験　英語)

[和訳]　～アーモンドは中東が原産で、徐々に北アフリカ、そして南ヨーロッパに広がりました。地中海沿岸部の～

　この和訳はさておき、この英文を読みながら読者のみなさんは世界地図を頭に浮かべたでしょうか？　中東ですからイラン、イラク、サウジアラビアあたりからアフリカ大陸へ。しかしその後はヨーロッパに広がったので、南アフリカの方には行ってない。北に上がった後、地中海を頭に描きその沿岸部をぐるりと一周。実はこんなイメージを持てるかどうかがとても大切なのです。今、世界地図を頭に描いた人は、文字の情報が映像としてイメージできて、内容がスーっと頭に入ってきたのではないでしょうか。

　どんなに美しい日本語訳を作ってみても、内容がわからなければ意味のないことで、書いた人、話した人が何を言おうとしているのかイメージしていくことが大切です。「例えばこういうことだろうか？」とか「それからどうしたの？」というよう

に、こちらから問いかけるような感じで読むといいと思います。そして最終的には、これを音声で聞いた時も映像にするように意識するという訓練をするとリスニング力が向上します。

「辛」いのは「幸せ」の一歩手前。

なんだか頑張れそうな気がしてきた!!

11 頭の中で英文を追いかける

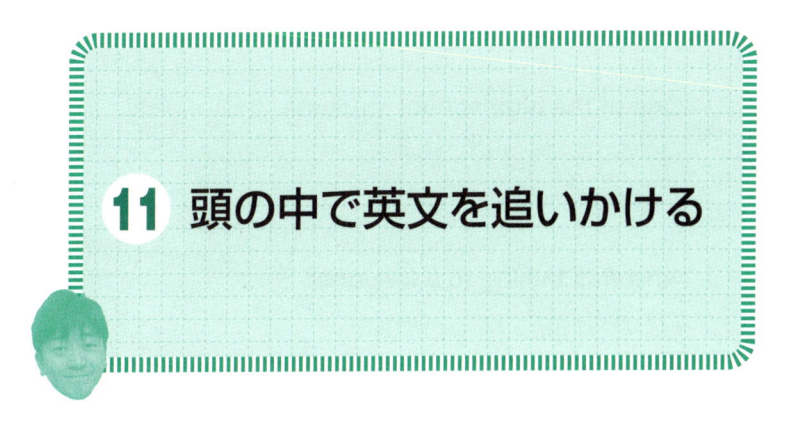

前セクションに引き続き、英文を映像化するお話をします。例えば次のような英文が音声で流れてきたとします。

One of the high school students who was talking to a foreigner on the crowded bus suddenly pushed the button to get off at the next stop.

このような英文を聞いた時に、あなたがどれだけ頭の中で場面を描くことができるかが大切です。しかも、その場面の出てくる順番は、英語の語順と同じように、徐々に詳細があきらかになっていく感じです。**決して英文を最後まで聞いて初めて、場面がパッと出てくるのではない**ことも意識してください。少し大袈裟かもしれませんが私の頭の中を披露します。（　）

の中身が私の頭の中です。

① **One of the high school students** と聞いた時に、
（複数の高校生を頭に描きました。性別は自由です。そしてそのうちの一人が…）

② **who was talking to a foreigner**
（なかなか勇気のある高校生だ）

③ **on the crowded bus**
（おぉ、バスに乗っていたのか。しかも込み合ってるんだな）

④ **suddenly pushed the button**
（なんでいきなりボタン押したの？）

⑤ **to get off at the next stop.**
（ああ、次のバス停で降りたかったのね。間に合ってよかったね）

このように話の中身を知ろうとして、音声が流れていくごとにどんどん状況が具体的に出てくる感じです。ここがとても重要なことなのです。ただ聞き流すのではなく、このように頭の中では英文を追いかけ、それを映像化するということを意識してみてください。

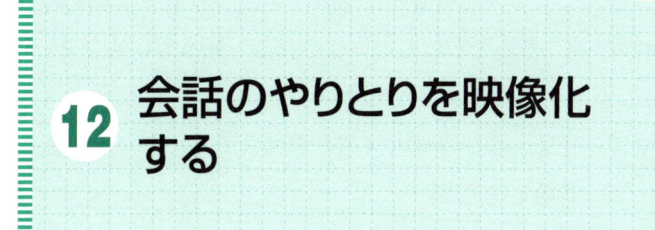

12 会話のやりとりを映像化する

　リスニングの勉強で、会話のやりとりは復習がしやすいものの一つです。なぜなら実際に日常的によくある場面ばかりなので親しみもわくからです。ここでは復習の仕方を具体的に説明したいと思います。大学入試センター試験で出題された会話問題から抜粋してみます。

Hiroshi： **This is my cousin, Ayano, from Hokkaido.**
Kazumi： **Don't I know you? We met last year, didn't we?**
Ayano： **Yes, in Otaru, at the athletics meet. Nice to see you again.**
Kazumi： **Wow, what a small world!**

（2010年度　大学入試センター試験［追試験］英語）

> 〔和訳〕
> ひろし：こちらは北海道から来た、いとこのあやのです。
> かずみ：私、あなたのこと知らないかな（知っているかも）？去年会いませんでした？
> あやの：ええ、確か小樽のスポーツ大会で。わあ、また会えて嬉しいです。
> かずみ：まあ、世間って狭いのねえ！

このやりとりを文字で見たら大した内容ではないのですが、文字を隠して音声だけになると意外と難しく感じませんか？文末の **, didn't we?** の付加疑問文も実際は何を言いたいのか、わかりにくいところです。

> まず、このひろしと2人の久しぶりに出会って少しびっくりしているような場面を想像して声に出して読んでください。なるべく紙面から目を離して隣にいる人に話しかけるイメージを忘れないでください。

⬇

> 何回か自分で真似をしながら読んだら、今度は本文を見ることなく音声を聞きましょう。再び音声を聞いて、あれ、ちょっと聞こえにくかったなと思う箇所もあると思うので、そういう時はその箇所を意識してもう一度聞きます。

> ⬇
>
> そしてまた自分で読んで発音する。再び同じ内容の音声を聞く。最終的に音声を聞くだけで3人のやりとりの場面が頭に浮かんだらもう完璧です。

　声に出して読む時はできるだけ感情を込めて、役者になったつもりで会話のまねをしてみます。なぜ感情を込めるかというと、日本語に比べて英語はすごく抑揚があります。その抑揚を聞いているだけでも怒っているのか、悲しんでいるのか、喜んでいるのかといったことが案外わかります。こういうことに慣れておくと、リスニング問題が始まった瞬間に、『どうも困った状況での会話だ』とか『何かいいことがあったみたいだ』ということがわかるようになります。ですから実はすごく重要な情報が抑揚に含まれているので、そこを練習しないのはもったいない、ということです。

　このように会話問題であれば様々な場面を想像して、その場面のパターンを頭に入れることで、次に同じような問題が出てきた時に、うまく反応できるようになります。とにかく場面を丸ごとイメージして会話を練習する。これは効果絶大です。

13 一日の中で「英語リスニング時間」を固定する

　リスニングの勉強は、**少しの時間でも毎日することが大切**です。最終的にはリスニングの「勉強」という感覚から、ただ英語を聞く「習慣」に変えていかなければなりません。要するに、英語を聞くことが苦痛に感じているうちはまだダメで、情報を得るための単なる「手段」と思えるようにならなければいけないのです。英語を聞くことが特別だと意識しているうちはとても疲れると思います。それを克服するためにも、**まずは一日のうち、「この時間は英語を聞く時間」というように、自分の中で決めてしまいましょう**。例えば通勤途中の電車の中、昼食後の残された休憩時間、寝る前にベッドの中で、などです。

　特に最初の頃はどの時間帯にするか固定した方がよいように思います。なぜなら、最初は英語を聞くことにある程度抵抗があったり、苦手意識があるものです。日本語の方が楽ですか

ら、できれば聞きたくないくらいでしょう。**一日のうちに「いつやってもいい」という風にしておくと、できればしたくないわけですから後回しにしがちです**。後回しにしていればそのうち一日が終わってしまいます。そういうことを避けるためには、最初は半ば強制的に英語リスニングの時間を組み込んでやる必要があります。最初は苦痛でも、毎日やっていればそれが「普通」になるものです。考えてみれば、歯磨きなどはその典型例です。子どもの頃は親にするように言われ、イヤイヤしていたかもしれませんが、大人になれば人から言われなくても歯磨きはするものです。もちろん虫歯にならないためとか、エチケットのため、というのも理由ですが、多くの場合理由を考えないで「普通」にしているのではないでしょうか。英語を聞く習慣も、この程度まで持っていくのが理想です。誰でもやったことのないことをやれと言われれば、最初は嫌なものです。しかし、やってみれば気づくのですが、これは単なる「慣れ」の問題なのです。

　私は学生時代、英語がまったく聞き取れなかったので、リスニングが大嫌いでした。しかし不思議なもので、今では英文を読むよりもリスニングの方が好きです。理由は、ただ聞いていればいいからです。受け身でいいのです。みなさんも新聞記事を読むよりもテレビでニュースを聞く方が楽でしょう。それと同じです。リスニングは、慣れてしまうととても楽なものなのです。

14 寝る前2分の音読がリスニング力を向上させる

　リスニング力向上のためには、音読も合わせてすると効果的です。**音読をするということは、あらかじめ英文を自分の目で見て確認し、声に出して自分の耳に響かせておくということ**です。そうすることで、目で見た内容が実際には音声だとどのように聞こえてくるのか確認ができるのです。定期的にこれを繰り返していくと、徐々に英語の音が体に馴染んできます。

　私の場合、まず英語を聞く時間は朝の通勤時間と決めていました。最初はリスニングだけをしていたのですが、聞いているうちにどうしても流れてくる音声の中に聞きなれない単語があったり、速すぎてついていけない部分も出てきました。そういう時はそのままにしておくのではなく、もう一度英文を自分で確認し、単語の意味を調べ、速く読まれる英文については、自分でも早口で言ってみる真似をしていました。最初はまった

く聞き取れていなかったものを、『速く読まれると確かにそういう音になるな』という確認をしながら、また音声を聞いてみるのです。そうすると徐々にその音が自分の知っている音として脳も認知してくるのか、抵抗がなくなってくるのです。

　いろいろ試した中で、私なりにいちばん効果的だったと思われる方法は、寝る前2分でもいいから音読をして内容を確認し、次の日の朝に、前日読んだ内容の音声を聞く、というやり方です。**前日に読んだ内容は比較的記憶に残っているので、次の日にリスニングをした時の理解度が違います**。耳に流れてきた音声が、前日自分が声に出して読んだ英文なので、とても馴染みがあり、しっくりくるのです。その英文の内容に関してはそのうち曖昧な箇所はまったくなくなり、完全に聞き取れたという自信にもつながってきます。今から考えると、寝る前にたった2分でも音読をしているのと、まったくしていないのとではかなりの差がでてくるような気がします。

15 音読する時の注意点

　音読は様々な先生がいいとおっしゃっていますが、その具体的なやり方についてはあまり聞かないのではないでしょうか。ただ声に出して読んでいれば自然とわかるようになるというものではありません。

　音読は大変有効な学習法だと思いますが、欠点もあります。ただ読んでいても達成感がなかなか得られないのです。そこでいくつか私なりのやり方を紹介したいと思います。

　まず**選ぶ英文は、自分がお気に入りの内容のもの**にしてください。そしてその英文については、一度細かいところまでチェックし、**内容もよくわかっているし英文構造（SVOC）も学習済み、というのが条件**です。例えばどれが主語でどれが目的語か？ この **which** は何を意味しているのか？というようなことがわかっていないのに、音読を続けても効果はほとん

どありません。

　次に、最初は音読する**教材の数は絞ってください**。毎日違う内容のものを一週間するよりも、**同じ英文を一週間連続でする**方が効果が上がります。慣れてくるともちろん毎日違う英文でも構いませんが、最初は音読する教材はこれ！と絞った方がいいと思います。

　次に、音読する時は、声には英語を出しますが、**頭の中では同時に日本語で通訳をし、どんな場面かイメージしてください**。この時に英文を最後まで読んでから意味を考えるのではなく、**読みながら読んだ箇所までの内容をイメージします**。少し例を出しましょう。

The office worker (whom I met at the station the other day) is talking 〈to my boss.〉
S
V

　この英文を英語で音読していきながら、日本語訳はこんな感じです。

その会社員の人は　／　私が駅で会ったのですが　／　先日　／　今、話しかけています　／　私の上司に

　これはきれいな日本語訳ではありませんが、あくまでも内容

をつかむのが目的なのでその不自然さは気にしなくてもよいのです。日本語を見てもらうとわかりますが、**英語は情報が後から後から追加されるのが特徴**です。この語順に私たち日本人はそうとう苦労します。この語順に慣れるまで何度も音読をし、音声を聞くことで、『情報は後から追加される』ものなのだ、といういわば**「追加情報を待機する力」がつけば、一気に英語を聞き取れるようになる**でしょう。

16 調子のいい時もあれば悪い時もある

　『今日はよく英語が聞き取れた』という時もあれば、『なぜかぜんぜんダメだった』ということもあります。リスニングはスポーツと同じ、ということを以前書きましたが、人間ですからテニスのサーブがやけにうまく決まる時もあれば、なぜか決まらない時もあるでしょう。リスニングもその時の『調子』というものがあります。**疲れている時や、体調がよくない時、精神的に余裕のない時は、なかなか集中できないものです。**そういう時はある程度仕方がないと割り切ってしまいましょう。その日はリスニングはやめた！と宣言するのも構いません。しかし、次の日はやはり続けてください。テニスでも調子が出ないからと言って、練習をやめてしまっては、本当にできなくなってしまいます。

　ただし『調子』がいいとか、悪い状態になってしまうには、

もう一つ理由があることも覚えておいてください。あなたが英語で聞いた内容が、たまたま自分の好きな分野であって、ある程度背景知識を持っていれば聞き取りやすくなります。その時あなたは『今日は調子がよかった』と思うかもしれません。一方で、まったく馴染みのない話題で、しかもその中にあなたの知らない単語がたくさん出てきていれば、ほとんど聞き取れないので『今日はなぜか調子が悪い』と落ち込むかもしれません。冷静になればわかることですが、当たり前のことです。そういうことも経験しながら、リスニング力は向上していくものです。私だって日本の英語教育のことを話題にされれば、大いに聞き取れるでしょうが、もしiPS細胞のことを話題にされれば、そうとう苦しんだ挙句に、ほとんど内容がつかめず、『今日は調子が悪かった…』なんて言っているかもしれません。

　テニス以外のスポーツに例えるなら、サッカーの試合で相手チームが予期しないようなフォーメーションで攻めてきた時は、どうしてもこちらは動揺してしまいます。相手がどう動いてくるかまったくわからないので、いつもならできることが、できなくなってしまうかもしれません。これと同じようなことが、リスニングにも起こり得るということを知っておいてください。そういう時は決して落ち込むことなく、後になって相手のフォーメーションを研究して次回に備えればよいだけです。

17 聞き取れない時は知らない単語がある可能性が高い

以前私はこういうアドバイスを受けたことがあります。

『細かいところにこだわっていると、全体で結局何を言っているのかわからなくなる。大体の内容をつかんでおいて、全体で何を言っているのか把握するように努めなさい。』

その時はそれなりに説得力もあって確かにそうかなと思いました。そして英文一文一文や、単語一つ一つにこだわらないように努めました。しかし、今になって冷静に考えればわかることですが、これはあきらかに間違っていると思います。

まず考えてみてください。一文一文は何を言っているかよくわからないが、最後まで聞けばだいたい内容がつかめるということはあり得ないのです。一つ一つの英文で何を言っているの

かわかるから徐々に情報が与えられ、言いたいことが見えてくるのです。「木を見て、森も見る」というのが正しいのだと思います。確かに細かいところにこだわりすぎるのもよくありませんが、単語一つの意味がわからないことで、何を言っているのかわからないこともあり得るのです。逆に言えば、単語一つ意味を覚えることで、全体が見えてくることもあります。

　以前こんなことがありました。外国人と話をしている時に、やたらと **athlete's foot** という単語が発せられ、どうやらそれが話題の中心になっていました。アスリートというくらいだから、運動、スポーツの話題かな？というくらいは想像できるでしょう。しかし、その **foot** とは何なのでしょうか。会話の中にもちろんそれが何であるかをほのめかすような説明はありましたが、明確にこれだ！という確信はなかなか持てませんでした。後になって調べると「水虫」のことでした。今になって考えてみると話題の中身がうまく「水虫」とつながります。このようにたった一語わからないことで、一苦労してしまうこともあります。これがもし単語一つではなく、2語、3語とあった場合はどうでしょうか。もしかすると、もっと何を言っているのかわからなかったかもしれません。実際の会話なら、途中で **athlete's foot** が何なのか、尋ねることもできるでしょうが、これが一人で音声を聞きながらリスニングの勉強をしているのであれば、最後までわからない可能性があります。そういう時は、聞き取れなかったことに落ち込むのではなく、ただ

athlete's foot（水虫）という単語を覚えればいいのです。

　このように、リスニングの勉強をしていて何度聞いても内容が聞き取れない場合は、その英文の中に知らない単語が含まれている可能性が高いものです。その時は新しくその単語の意味を調べて覚えない限り、何度聞いてもわかるようにはなりません。日本語でも、まったく意味を知らない四字熟語を何度も聞いていたら、そのうちその意味がわかってくるかと言われれば、それはまずないでしょう。リスニングでもそれと同じことが言えるのです。

18 waterは米国では「わらぁ」英国では「わぁた」

　英語が聞き取れない原因の一つでよくあるのが、単語の意味は知っているが、自分の思った音とは違うので、認識できないということです。例えば **water** は「ウォーター」と発音されると思い込んでいても、ネイティブスピーカーが速く発音した時はそのようにはまず聞こえないでしょう。しかもアメリカ人とイギリス人では、まったく同じ単語には思えないようなこともよくあります。個人的な感覚になってしまうかもしれませんが、アメリカ人は「わらぁ」と舌を丸めて **r** の音をしっかり出すのに対して、イギリス人は **r** をはっきりとは音に出さないような気がします。そういう場合は「わらぁ」「わぁた」という音を聞いた時に『水』だと脳が認識できるように、自分でその発音を真似してみることです。自分で発音できるようになれば急に馴染みのある言葉になってくるものです。他にも

prepare（〜を準備する）という単語も、アメリカ人の発音は「ぷりぺあー」と聞こえますが、イギリス人は「ぷりぱー」と言っているように私には聞こえます。いずれにしても同じ**prepare**という単語だということがわかるように自分で認識するしかありません。

　以前こんなことがありました。どう考えても「ワラバユー」としか聞こえない時に、「そんな英単語あったかな？」と思いながら、もう一度ゆっくり発音してもらうと、**What about you?**（あなたはどう？）でした。私はいままでいろいろな外国人の方と会話をしてきましたが、確かに**What about you?**を「ホワット」「アバウト」「ユー」というように一語一語はっきり発音する人は一人もいませんでした。おそらく私たち日本人くらいでしょう。こういう時は、自分もその読み方「ワラバユー」を真似して発音練習をし、その音が実は**What about you?**だということを脳に認識させてやる必要があります。このことをしない限り、何回「ワラバユー」を聞いても何のことだかわからないままです。

　最後にくだらない発音練習を紹介します。みなさん、日本語で「整理券」と早口で言ってみてください。この音が、**Say it again.**（もう一度言ってください）とよく似ていて意外ときれいな発音になるのです。「セイ」「イット」「アゲイン」なんて言うよりも外国人にはうまく伝わるかもしれませんよ(笑)。

19 CDを聞き流すだけで本当にできるようになるのか?

　最近はいろんな人からこんな質問を受けます。『CDを聞き流すだけで本当に英語が聞き取れるようになるのですか…?』断言します。**CDを聞き流すだけでは、絶対に自然と聞き取れるようにはなりません。**

　私は帰国子女でもありませんし、外国人が一人もいないような田舎で育った「純粋な」日本人ですが、今は留学経験もないのに英語が聞き取れるようになりました。しかし、そこに行き着くためには、今までいろいろな試行錯誤をしてきました。だからこそ、今、冷静に自分を振り返った時、「自然と聞き取れるようになったか?」と聞かれれば、「自然ではない。ちゃんと努力した」と答えます。

　実は私もそういった音声教材を試したことがあります。結論を言いますと、飛躍的にリスニング力が伸びました。TOEIC

のスコア760点が950点まで上がりました。では、聞き流したか…？というと、**聞き流してはいません。正確に言うと、話の内容に没頭していました**。そのCDを聞いている時は他のことは何も考えず、一心不乱にCDの内容に入り込んでいました。そういうことを毎日繰り返しているうちに、次に出るフレーズを覚えてしまいました。ですから「聞き流している」というのは本人が苦痛にならず、内容に没頭しているという意味であって、努力をしていないのではありません。CDを聞いている時に、もしあなたが『今日の昼ご飯は何にしようか？』とか『今日の会議は時間内に終わるのだろうか？』と考えていたら、それはいつまでたっても聞き取れるようにはなりません。その瞬間CDの効果はゼロになっているでしょう。

しかし、教材の販売広告を見た人のほとんどは、とにかく聞き流していれば努力をしなくてもいつの間にか自然と英語が聞き取れるようになる…ということを期待しています。もしかすると、BGMのようにCDを流していれば自分の頭が勝手に英語に反応できるようになるのではないか？とさえ考えている人がいらっしゃるのではないでしょうか。**断言したいと思います。努力をしないで英語が身につくということは絶対にありません。**

しかし、誤解のないように言っておくと、教材自体が悪いのではありません。感想を述べている人の体験談も嘘ではないと思います。しかし一つ言えることは、その人たちはみんな努力

をしたということです。努力をしていますが、それが習慣になったのではないでしょうか。習慣というのは「いつも通りのことをしている」という感覚なので、本人もそのうち、努力をしているという認識が薄れてきます。その結果『自然と』聞き取れるようになった、というような言葉が出てくるのだと思うのです。要するに、『自然と』とは言うものの、あくまでも主役はあなたで、あなた自身が英語を聞いている時にその内容や単語一つ一つの意味を確認していこうとする姿勢が必要なのです。『自然と』という言葉を聞くと、努力をしなくてもできるのではないか、ということをすぐに思いがちですが、それでは絶対にダメです。正確には努力していれば、『自然と』できるようになることを実感できると言った方が正しいと思います。しかし、そこまで正直に言ってしまうと教材としては売り上げに影響が出ますから、あえて詳しくは言えないのでしょう。

20 集中していない時は 3分でやめる

　リスニングで大切なことは集中力です。慣れてくれば集中しなくても、日本語を聞き取っているように頭に入ってきますが、最初はそうもいきません。英語は日本語とは語順もまったく違いますから、その語順の違いを意識しながら情報をつかんでいく訓練をしなければならないのです。ただ聞いていれば自然と頭が英語の脳に変わっていってくれるだろうと思うのは幻想にすぎません。ですから「集中していないな」と思う時は、何度聞いても意味がないと言ってもよいでしょう。時間を無駄にしないためにも、もしリスニングの勉強をし始めて、他のことに気が散っているようなら、いっそのことその時はリスニングの勉強を一時中断した方がよいでしょう。例えばあなたが通勤中英語を聞いている時に、電車に乗っている他の乗客が読んでいるスポーツ新聞の記事が気になっていたりした瞬間、その

勉強の効果はなくなっています。

　私にもそういう経験があります。例えば仕事で予備校の授業内容を考えながら英語を聞いている時などは、まったく耳に英語が入ってきていません。気づいたらただ音声を流していただけで、まったく意味がないこともありました。それなら好きな音楽でも聞いていた方がましでしょう。そういう時は、「これから5分間だけ英語に集中するぞ！」というように仕切り直しをして、短時間でも集中して聞くようにしましょう。

21 洋楽はリスニング力向上につながる

　高校生に授業をしていると、よくこのような質問をしにくる生徒がいます。『先生、洋楽を聞いていたら英語が聞き取れるようになりますか？』

　答えは YES です。しかし**やり方次第では NO** になります。歌詞カードで英文の意味を確認しながら聞くと、ある程度の効果があると思います。生徒の中には、歌詞の内容もわからないのに、とにかくずっと聞いていてリスニング力が上がると思っている人がいますが、それは違います。常識的に考えてみてください。日本語でも意味のわからない難しいことわざを何回も聞いていたら、そのうち自然と意味がわかるようになるでしょうか？　そうはなりません。わからない単語や、わからない発音は何回聞いてもわからないままなのです。しかし逆に言うと、**きちんと歌詞カードで単語を確認しながら意味を考えた**

り、声に出してみたりするのであれば効果が出てくるでしょうし、すごくいいことだと思います。

　教科書やリスニング問題集をやることに飽きてしまった人は、大好きなアーティストの歌詞で英語を勉強するのもいいと思います。自分から英語の歌詞を覚えてしまって、その歌手が歌っているフレーズが口から出るくらいになると、効果があると思ってください。ただBGMとしてリラックスするために聞いているというような状態ではリスニング力はつきません。もっと歌詞の意味を考えたり、音を真似してみたりという積極性が必要です。

22 大量に聞き流すのは上級者になってから

　私は大学生の頃、「リスニング力をつけるためには、とにかくたくさん英語を聞くことだ」というアドバイスをもらったので、ひたすらラジオで英語ニュースを流していた時期がありました。初めはさっぱりわからないけれど、そのうちきっとわかるようになるのだろうと期待して続けてみましたが、結果はまったく聞き取れないままでした。それどころか、飽きてしまって眠くなり、完全にニュースの英語が雑音になっていました。一つわかったことと言えば、「あ、これはフランス語ではなく英語だな」というくらいでしょうか（笑）。

　英語はいくらたくさん聞いても、わからないものはわからないままです。わからないのなら、単語の意味を調べて覚えるとか、英文の内容がどういうことを言っているのか確認しない限り、ずっと変化はないのです。ですから**リスニングを勉強し始**

めてすぐに、大量に英語を聞くというのは実質無理だと思います。まずは一つの英文、一つの会話のやりとりをしっかり理解して聞き取れるようになることから始めるべきでしょう。そういうことを継続していると、少しずつですが聞き取れる範囲が広がってきます。その時、あなたは語彙力もついているはずです。初めて聞く内容でもだいたいわかるようになり、そのうち完璧にわかったという時期もやってきます。そこまで到達した時、そろそろ大量に英語を聞くと効果がある時期なのかな、と私は思います。大量に聞いている時でも、わからない単語があれば理想は調べて覚えるべきです。ただこの段階までくると、1つや2つ単語がわからなくても、周辺情報でおよその内容はつかめるようになります。私の個人的な経験だと、**英検準1級やTOEICで800点以上のスコアをとれるようになった時に大量に聞き始めてもいい**のかなと思います。

第6章

モチベーションを保つための
ルール 18

1 人は応援されたら頑張ってしまうもの

　みなさんは箱根駅伝を見たことはあるでしょうか。沿道での応援は本当に心強いものです。多くの人からあんなに旗を振りながら「頑張れー！」と言われたら選手たちもテンションが上がり、いつも以上に頑張ってしまうものです。やはり周囲の人にいいところを見せたいというのは誰しも思うことでしょう。しかし山道に入ると急に応援してくれる沿道の人たちが減ります。トップ集団ならテレビカメラがついてくるので「見られている」という意識を常に持つと思いますが、下位の集団だとどうでしょうか。大変な孤独との戦いになると思います。自分が走っていると仮定して、この状況を考えてみてください。

　英語の学習はある意味孤独です。結局は自分が頑張るかどうかだからです。そういう意味では駅伝やマラソンと似ているかもしれません。英語の学習はゴールがないので、その分もっと

長期戦を強いられる、孤独な戦いかもしれません。自分が頑張ればいいだけ、とはわかっていても人間は弱いものです。一人ではさぼってしまったり、誘惑に負けてしまったりするものです。そんな時に「頑張れー！」と言ってくれる仲間が近くにいてくれたり、あるいは実際に一緒に頑張っている仲間がいたらどうでしょうか。一人で走るのではなく、2人で走るとつらい時でも頑張れるかもしれません。もちろん2人とも休憩することもあるでしょうが、お互いのことを考え、迷惑をかけてはいけないという意識が働きますし、一人でいる時よりは、やはり頑張ってしまうのではないでしょうか。そう考えると、勉強に少し疲れた時などは、一人で頑張るよりも、仲間がいると大変ありがたいものです。

　やはり応援されると人間は頑張ってしまうものです。私はぜひ、英語の学習にもこういった自分を盛り上げてくれる環境を持つといいのではないかと思っています。英語を勉強する際の学習環境というのは、実はとても大切です。ではどうすればそういう仲間を持てるか、私が自分のテンションをあげるために具体的にどういうことをしたのかをお話ししようと思います。

2 頑張っている人たちに近づく

　私はひょんなことから2011年1月に自身のブログ『予備校講師～永遠の3歳児のブログ～』をたちあげました。最初は英語を教えていた生徒たちに応援メッセージを届けられる、ということで始めました。

　ブログの内容は英語の勉強法や、応援メッセージが中心なので、とにかく前向きなことを書き続けました。すると私の前向きなコメントに刺激を受けたせいか、ブログを見てくれた私の知り合いが「次はTOEICで800点を目指すよ」とか、「私も今度、英検にチャレンジしてみようと思います」とか「英会話学校に行ってみようと思うんだ」というようなメッセージをくれるようになりました。そうすると、なんだか私自身も元気が出て、もっとやる気になったり、頑張ろう！という気持ちになりました。そして他人を励ますつもりが、自分も励まされてい

るということに気づきました。そこで私は考えました。「もしかすると、そういう仲間と一緒に過ごすのと過ごさないのとでは、人生が大きく変わってくるのではないか？」前向きなメッセージに共感してくれれば、こっちも元気になります。世の中には英語を頑張りたいと思っている人はたくさんいます。私の感覚ですが、一人で勉強していると、すぐにくじけたり、どうしても周囲のネガティブな発言に負けてしまいがちです。何気ない周囲の「どうせ無理だよ」というコトバに負けて、「そうだよなぁ」「人生そんなに甘くないよな…」と妙に現実的になり、あきらめてしまう人は結構います。人間は一人では弱いものです。

例えば自分の周囲に 10 人の人がいて、8 人が「どうせダメだよ」という中で頑張るのと、10 人のうち 8 人が「いや、頑張れば絶対うまくいくよ！」と言ってくれる中で過ごすのとでは雲泥の差があると思いませんか？ 後者の方がいいに決まっています。実際、8 人が頑張る仲間の中にいると、思いもよらないことが起こります。最初はまったく頑張らなかった人でさえ「やってみようかな」と思うようになったりするのです。反対に 8 人が後ろ向きな仲間では、頑張ろうと思っている人までダメになってしまうことがあります。私は高校や予備校で授業をしていてつくづくこういうことを感じ、仲間は大切だなと痛感しています。

読者のみなさん、私たちは**自分の周りを前向きに頑張る人で**

固めないと損をするのではないでしょうか。同じ勉強をしていても成果が全然変わってきます。もし、今自分の身近な同僚が後ろ向きな人なら、思い切って距離を置いてしまいましょう。少しくらい嫌われてもそれは気にしないのです。まずは自分が堂々と真剣に頑張れる環境を作ることは、目標を達成するのにいちばん大切なことかもしれません。

3 TOEIC スコアアップサークルを作る

　一人で英語の勉強をしていると、ついサボってしまったり、「なかなか伸びないし、もうやめようかな」とくじけそうになってしまうことがありませんか。何を隠そう私がその一人でした。これではよくないと思い、ある時同僚に TOEIC を受験して一緒にスコアを伸ばさないか、という話をもちかけたのです。しかし最初はほとんどの人に嫌な顔をされました。大人になってまで自分のスコアを他人に知られるのは嫌ですし、テストというプレッシャーなど、ない方がいいからです。スコアの高い人なら見せてもいいでしょうが、低い人はバカにされるのではないかという恐怖心もついてまわります。それでも私が声をかけていくうちに 3 人の同僚が賛同してくれて、4 人で頑張ることにしました。しかし、4 人のスコアレベルはバラバラ。ですから勝負をしたとしても最初から実力のある人が当然勝っ

てしまいますから、それではあとの3人にやる気がわいてきません。そこで私はあるルールを考えました。

　まず、**1回目の受験はスコアを公表する必要はなし**。ただし**2回連続で受験するのを条件**にし、**1回目の受験スコアからどれだけ伸びたかで勝敗がつく**ことにしたのです。つまり1回目の受験スコアが低ければ低いほど、スコアの上がり幅も大きい可能性を持たせたのです。こうすれば**4人で勝負をしていますが、実際は自分との戦い**になります。比べる相手は過去のスコアをとった自分です。自分のスコアをどうしても言いたくない場合は、何点伸びたかだけを言ってもらえばそれでよし、ともしました。次の試験までは2ヵ月ありますから、私を含めみんなが仕事の合間の空き時間を利用して対策をしていたように思います。昼休みにお互いに単語を出し合ったり、勉強方法について話し合ったり、伸びない愚痴を言ったりもしました。

　そしてさらにやる気をパワーアップさせるため、私は秘策を考えました。2回目の受験でスコアの上がり幅の大きかった上位2人に下位2人が焼き肉をおごるという賞品つきにしました。これで増々お互いにテンションが上がりました。こうしていると自分が少し休もうと思ったり、くじけそうになった時も、自然と勉強を続けているという状況にもっていけます。

　ちなみに結果ですが、もともとスコアの低かった2人が見事勝利し、私は負けてしまいました。600点代後半から2ヵ

月で100点くらい上げて一気に700点代後半までスコアを伸ばしたのには驚きました。その後は予定通り焼き肉に行って、その2人を祝福しました。私は2人分の代金を払いましたが、まったく損をした気分にはなりませんでした。**頑張る仲間を見て、自分も絶対に次はスコアを上げてみせるぞ！**と意気込んだものですし、祝福してもらった2人はますますやる気になったようです。

　いい仲間を見つけて共に頑張るというのは勉強を継続するためには大切なことです。ぜひ、身近な仲間に声をかけて勉強をスタートしてみてはどうでしょう。そして定期的に受験をして勝負する機会を設けてみましょう。日本には「英語の勉強をもっと真剣にできたらな」と、本気で勉強のできるいい環境を探している人は、あなたが思っているよりも多いですよ。

4 一人の勉強に飽きたら仲間と一緒に勉強する

　英語の勉強の中で、一番飽きやすいものは単語を覚えることだと思います。しかし、単語の勉強は避けて通ることはできません。**この単調な勉強をいかに長続きさせるかが、英語ができるようになるかならないかの鍵を握っている**分野でもあります。

　私の場合、単語の勉強は主に単語カードを使っていました。しかし、どんなに頑張っていても飽きてくる時がきます。そういう時は、友人に20枚の単語カードを手渡してどれか一枚引いてもらい、「僕がもし一つでも答えられなかったら昼ご飯をおごるよ」と宣言してスリルを楽しんだりもしました。「その代わり、もし20枚全部答えられたら缶コーヒーをおごってくれ」と友人に言うと、友人ものってきました。

　このように、単語の学習は一人でやっていると単調でなかな

か続かないので、友人を巻き込んでいました。相手がもし英語に興味があり、英検やTOEICを受験しようとしている人なら、意外と喜んでくれます。一人では覚えたと思っていた単語でも、人に言われて答えるとなると自分の覚えてきた順番ではなく、思いもよらないものを出してくる可能性が高いものです。ちょうどトランプのババ抜きでもしている感じでしょうか。相手がどのカードを選んでくるのか、少しドキドキします。友人に「昼ご飯をおごるよ」と言えるようになるには、よほど完璧に覚えていないといけません。一人で覚えている時は、そういうドキドキ感はありません。あえてこのドキドキ感を作り出すことで、単語の学習にも刺激が生まれます。単語はこのように負荷をかけながら覚えていくくらいがちょうどよい気がします。ぜひ試してみてください。

5 テレビをつける前に試験に合格した自分をイメージする

　もしあなたが、現在英検や TOEIC の受験を考えているとしたら、ぜひ覚えておいてほしいことがあります。それは、試験でいい結果が出るか出ないかは、意外なほど身近なところで決まっているということです。たいていの人は試験まであと○○日というように、試験日が近づくにつれて睡眠を削り、猛勉強しがちです。しかしこれは英語の勉強方法としては、典型的な結果の出ない勉強法です。

　例えば TOEIC や英検の受験を半年後に控えているとしましょう。その結果は、実はこの本を読んでいただいている、まさに今日の行動で決まるのです。もし家に帰ってから晩ご飯を食べ、いつものようにテレビを見るなら、多分半年後に変化はありません。英検なら不合格です。**合格するためには今までの自分と少しでも違う自分にならなくてはなりません。**

少し個人的な経験を紹介させてください。実は私も幾度となく勉強を後回しにするような過ごし方をしてきました。もちろん仕事から帰ればまずは一息つきたいと思いました。しかし、テレビのリモコンに手を伸ばした時に考えました。TOEICのスコアアップと、今日のテレビを見る楽しみはどっちが本当にうれしいのか？ この質問を試験日まで毎日自分に突きつけるようにしました。どちらがいいかと言われたら誰だってTOEICのスコアアップに決まっているわけです。こうやってテレビをつけることを踏みとどまり、とにかくTOEICの問題に取り組むようにしたら、スコアが上がりました。**英語は努力した人を絶対に裏切りません。**

　みなさんも、「将来の」スコアアップを考えるのではなく、**今スコアが上がる喜びと、今テレビを見る楽しみ**を比べてみてください。「将来」というのは結局「今の積み重ね」でしかないので、**実は今やるかやらないかでいい結果が出るか出ないかは決まるのです**。私自身、最初はかなり歯を食いしばって無理矢理自分をコントロールしていました。弱い自分が現れるたびに先ほどの質問を突きつけていました。「自分の英語力を伸ばしたかったんじゃないのか？ 今、目の前のテレビが見たいなら、英語力は伸びなくてもいいと自分で認めたようなもの。それでも構わないのか？」このように考える習慣を身につけました。

　後になって気づいたことですが、テレビというものは基本的に見なかったとしても、特に今後のあなたの人生を変えること

はないでしょう。もちろん自分の視野を広げてくれたり、教育的な素晴らしい番組もありますが、それは本当にごく一部です。今日テレビを見なかったら、それはあなたの人生にとってとてつもなく大きなものを失ったことになるかと言われれば、そんなことはないと思います。もしあなたが、毎日何気なくテレビをつけているなら、今すぐテレビを消してしまいましょう。今日テレビを見ずにあなたが勉強したことは、近い将来、あなたの人生を変えるかもしれません。

6 停滞期がきたら順調と考える

　勉強をしてきた人なら誰もがスランプを経験したことがあるでしょう。今まではうまくいっていたのに、思うようにならなくなってくると、大変もどかしいものです。しかし、忘れてはいけないのは、**スランプがくるということは、今までの自分とは違う本気度が出てきた証拠**でもあるということです。本気で取り組むから壁にぶちあたるわけです。テキトウな気持ちで取り組んでいる時は、わからないことが出てきても、今まではテキトウに処理していたのです。だから辛いとか、悔しいという気持ちさえも出てこなかったのです。それがスランプを感じるということは、なんとかして今の状況を乗り越えようと必死になってきた証拠です。そして、もうテキトウでは済まされない、ということを自覚した瞬間なのです。ですから、まずはスランプがきたら、「自分も本格的に英語の勉強をし始めたんだ

な」と思って、自分を褒めてやってください。

　私は予備校で生徒たちに英語を教えていますが、このスランプに陥る人は毎年たくさんいます。その中でも多い悩みは、勉強を一生懸命しているのに、なぜか以前の自分よりも点数が下がったというのです。例えば、以前はあなたがテストで60点を取っていたとしましょう。それが必死で勉強をし始めたのにもし40点になったら、「なぜ？」と思うでしょう。実はこれはよくあることです。原因を説明しましょう。まず、点数が下がったといっても、以前の60点の中身を考えた時、あなたはどれだけ自信を持って解答していたか考えてみてください。ひょっとすると10点や20点くらいは、「何となくこれ」とか、まったく勘で正解したものがあるでしょう。そう考えると、そもそもあなたは60点を得点していなかったのです。そして現在の点数ですが、たとえ40点だとしても、今までとは中身が違うのです。一つの問題を解答するのに、あなたは最近の勉強で手に入れた知識をフル回転して解こうとしているので、今まで以上に時間もかかります。その時、まだ習ったばかりの知識をきちんと整理できていないかもしれません。習った知識をすぐに応用できないことだってあるでしょう。そうすると、最後まで問題を解けずに時間切れになることもあります。そういうことが起これば合計で点数を落としてもおかしくはないでしょう。4択問題を勘で解けば、5秒です。そしてそれがたまたま正解してしまうこともあります。今はしっかり考えて解いて、

答えの4択を2択にまで絞れた。しかし、最後の最後で詰めが甘くて間違えてしまった、おしい不正解。前者は5秒で正解。後者は1分かけてみたが不正解。表面上は自分はできなくなってしまったと思うかもしれませんが、**スランプの時は同じ一問でも今までとは中身が違う**のです。こういう時期を経て必ずあなたは進歩します。今はしっかりと地面の下に根を張っている時期ですから、とにかく継続していくことです。

7 スランプ脱出法①
〜過去の自分と比較する〜

　スランプの時期はなかなか勉強に気が乗らないものです。特に周囲の人はできるようになってきているのに、自分だけができないと思うと、本当に落ち込みますよね。そこでスランプの脱出法を紹介します。

　私は英検1級に5回落ちました。私が4回目に落ちた時、たまたま後輩が留学から帰ってきて1回目の受験で英検1級に合格しました。その時ほど落ち込んだことはありません。自分が嫌になりました。「自分は何をやっているのだろうか…。やはり、語学は才能とかセンスとかが必要なのかもしれない。」本気でそう思いました。しかし、今だから断言しますが、語学は才能でもセンスでもありません。**努力をしている人が必ず報われる**のです。しかし、当時はそんな前向きな気持ちにはなれませんでした。それではどうやってスランプから脱出したの

か？ そんな中でも勉強を継続できたのは、ズバリ！ ある意味の割り切りでした。他人は他人。自分は自分。他人がやってきたやり方で自分もできるようになるとも限らない。自分は自分のペースですればいいじゃないか。他人と比べても仕方ないし意味がない。行き着いたのはこういう考え方でした。

　語学を勉強しているとすぐに他人と比べてしまいがちです。自分よりもいい点数を取っている人が気になります。周囲の人だけ伸びていると思うかもしれませんが、絶対にそんなことはありません。冷静に考えてみると、進歩の早さこそ差はあるかもしれませんが、勉強をしていて今までよりもできなくなるというのはあり得ません。自分ができるようにならないと感じるのは、できる周囲の人に目が行くからです。こういう時は、ぜひ過去の自分と比較してください。去年の今頃のあなたは、あなたが先日覚えた単語を知っていましたか？ 単語一つのような小さなことを考えても、あなたの知識は増えているのです。ですから伸びていないわけがないのです。

8 スランプ脱出法②
～ TOEIC の公式認定証は保管する～

　スランプに陥った時は、様々な手段で自分を励ましてやることが大切です。周囲の人からの温かい声のおかげで、精神的に支えられることもありがたいことの一つですが、実は**客観的にデータで励まされれば、思った以上に人は落ち着きます**。

　私は今までに TOEIC を 50 回以上受験してきました（自分でもびっくりです）。最初に受験したのは大学 1 年生の時だったと思います。英文科にいたので比較的英語に接する時間も長かったため、最初の受験で 600 点だったことを覚えています。それからというもの、受験を継続してきて現在では 975 点まで伸びました。世間の人が注目してくれるのは、最高点の 975 点だけです。履歴書に書くのも 975 点だけです。しかし、この間どれだけの挫折とスランプを経験してきたことか、数え切れません。何度も何度もスコアは落ちました。しかし、誰も

このことには注目してくれません。今から考えると、**落ちた時にどれだけ踏ん張れるかが大切**だったような気がします。なぜなら落ちた時が一番勉強をやめたくなる瞬間だからです。

　私の場合、スコアが落ちた時も勉強を継続できたのには理由というか、ちょっとした秘策がありました。それは、過去の自分のスコアと現在のスコアを頻繁に比べていたのです。若い頃の例を出したいと思います。例えばある年に4回受験して以下のような結果だったとします。

5月880点　7月895点　9月915点　⇒　11月865点
（この年の一番の最低点。－50点‼）

こういう場合、ほとんどの人は9月の915点が一気に865点まで落ちたところに目が行きます。そして、前回から50点も落ちたのか、とショックを受けるでしょう。もちろん私もそうです。ショックを受けます。しかしこんな時、私はあることをするようにしています。それは、さらに昔の**スコアと現在のスコアを比較する**のです。つまり、前年のTOEICのスコア、あるいはそのまた前の年のスコアを取りだして、その865点と比較するのです。そうすると面白いことに気づきます。確かにその一年の中では最低点を取ってしまったかもしれませんが、前年のスコアを見てみると、〈840点、860点、880点、855点〉という感じだったのです。冷静になればわかりますが、前年には840点だって取っているわけです。それに前年

だったら865点という点数はそんなに悪いとも思わなかったと思います。なんせ前年では880点に次いでベスト2に位置するスコアです。こういうことを3年前、5年前、10年前とさかのぼってみると、さらに勇気がわいてきます。今では私にとってTOEIC900点とか950点くらいの点数は普通です。910点だとダメだったかなぁと思います。ではその5年前の自分はどうだったかというと、900点が取れたことに狂喜乱舞していました（笑）。人間はなんと不安定で勝手なものなのでしょうか。

　考えてみると、普通に過ごしていて、そもそも自分の英語力が上がっていることを実感するのはなかなか難しいものです。コツコツやっていて、ふと数年前の自分を振り返ってみると、まがりなりにも今の自分が成長していることに気づくのです。

　みなさんはTOEICの公式認定証を保管していますか？ ベストのスコアだけを保管しているのなら、ぜひ悪い時のスコアも取っておきましょう。そして、成長した時に過去の自分のスコアを見て笑ってやりましょう。このように客観的にデータで自分を見つめなおすと、案外気持ちが落ち着くのは私だけでしょうか。

9 英語の勉強をしている人と定期的に会う

　英語の勉強が嫌になった時、私はよく友人とカフェに行ったり、飲みに行くことがあります。この時、誰とでもいいかというとそうではなく、**現在英語の勉強をしている人、あるいは英語に興味を持っている人と出かける**と愚痴がかみ合って楽しいものです。そしてその時に、機会を見つけて自分から勉強のやり方をどういう風に進めていたか。そしてどううまくいかなかったか、なぜやる気がなくなったか、というような話をそれとなくしてみます。相手も英語の勉強に興味がある人なら、そのマイナスな内容ですらためになります。なぜなら他人がうまくいかなかったというやり方も、自分が今まで試したことがなければ試してみる余地も生まれます。ひょっとしたら自分には合う勉強法かもしれません。勉強に成功したという話も大いに結構ですが、うまくいかなかったという話も案外勉強になります。

私は予備校の授業中に、今まで自分が試みた英語の勉強方法をよく話します。話をしていて気づいたことですが、生徒たちは私の成功した勉強法ももちろんよく聞いてくれますが、失敗してうまくいかなかった話にも興味津津で耳を傾けてくれます。彼らは自分自身が一度受験に失敗したという不安を持っているので、私の失敗した経験に大いに親しみを持ってくれ、それがまた自分への励みになるようです。考えてみると、成功した話ばかりを聞かされていたら、そのうち嫌みに聞こえてきて腹が立つかもしれません。

　失敗というのは語学の学習においては大いにあっていいのです。なぜなら**失敗を繰り返すことで成長するのが語学**だからです。英会話にしてもリスニングにしても、決してすぐにできるようにはなりません。うまくいったりいかなかったりの繰り返しです。勇気を出して英語で話してみたけれど、うまく伝わらなかった、「あの時、なぜもっとこういう風に言えなかったのだろうか？」「よく考えたらこういう単語でも説明できたんじゃないか」こういうことを、私は何度繰り返したかわかりません。

　失敗すればするだけ語学は必ず伸びます。だから**失敗しても決して落ち込まなくていい**のです。失敗を笑ってネタにしてしまうくらいでちょうどよいのです。そういうネタを同じ境遇にある、英語を勉強している人にどんどん披露してしまいましょう。気持ちも楽になりますし、周囲の人も絶対に悪い気はしません。

10 大いに他人の失敗談を聞いて気楽に構える

　英語の勉強になぜか気持ちが乗らない時、私はよく本屋に行きました。そしていろんな本を眺めるのですが、一冊だけ英語関連の雑誌を買うことにしていました。

　私がよく購入していた雑誌は **AERA English** です（この雑誌は英語で書かれていませんから安心してください）。この本には様々な業界の人がどうやって英語の勉強をしているのかが掲載されていました。自分が勉強しないといけないと思って買うのではなく、第三者として「世の中にはこういう人もいるのか」という感じで面白く読んでいました。もちろんすごい努力家の人もいるのですが、中にはさぼり癖があって苦労された方もいますので、とても親しみを持てたのを覚えています。そういう人の悪戦苦闘ぶりを読んでいると、案外自分も同じだなと感じることがあって気が楽になりました。そういう記事を読ん

だ後も、勉強をしなきゃいけないなんて思わなくて結構です。ただ、今では英語の達人と言われる人でも地味な苦労をされたんだな、ということを知ることができるだけでも、自分には大変メリットがあります。やる気が下がってきている時は、「自分にはやっぱりできない」とか、「要領が悪い」「なかなか覚えられない、覚えてもすぐに忘れる」「語学の才能がない」等、様々なネガティブな思いが頭の中を交錯している時です。そういう時に、他の人たちも同じような失敗や苦労をしているのだとわかれば少し気が楽になるでしょう。他人の英語勉強法を知るだけでも、大いに意味があるのです。そういうことを読んで知っているだけでも、またいつか自分もやってみようかな、という可能性につながるわけです。

11 目標はできるだけ「低く」設定する

みなさん、目標はできるだけ「低く」しましょう！

　こういうタイトルをつけると、「えっ！　なぜ？」と思うかもしれませんが、実はきちんと理由があります。普通は誰でも「目標は高く」の方が、威勢がよくてやる気に満ちた気がするものです。例えばあなたが今はTOEIC470点だけど、目標を800点にする！と宣言すれば、確かに「やる気」だけは周囲に伝わるでしょう。しかし、そういう方に聞きます。「あなたのその目標はいつ達成できそうですか？」ひょっとしたら数年後だったりしませんか？　冷静になった時に気づくと思いますが、そもそも数年間目標を維持するのは並大抵ではありません。それだと目標ではなく、ただの叶わぬ夢になりかねません。もしかすると途中で挫折したりするかもしれません。もち

ろん強い意志を持って努力を継続できる人もいると思いますが、そういう人ばかりなら誰もが英語は伸びているはずです。英語は勉強を継続できなければ絶対に伸びません。いかに継続するかが、どう考えてもカギなのです。自分をだましてでも継続していれば、「いつの間にか自分も結構できるようになったな」と思えてくるのが英語です。ですからここで、みなさんに提案です。すぐに達成できそうな目標を掲げて、まずは達成感を味わえるようにしましょう。そして、もしそれが達成できたら、もう少しだけ目標を上げていきましょうか。こういうことを繰り返しているうちに気づいたら3年間英語の勉強を継続していたというようになるものです。そうすると必ず結果はついてきます。

　具体的に言うと、先ほどのTOEICのスコアが470点の人は800点を超えよう！と意気込むのではなく500点でもいいのです。そして達成できたら、そのたびにどんどん自分をお祝いしてあげましょう。そうして自分を盛り上げていくうちに「600点も夢じゃないぞ、次も頑張ろう！」というようになるものです。TOEICで30点くらいの伸びはひょっとすると誤差の範囲で、本当は自分自身伸びていないのかもしれません。しかし、それでも構わないのです。一種のゲームだと考えて5点でも上がれば成長！　これでいいのです。最初から800点が目標だ！と意気込んでいて、もし結果が490点だと自分はまだまだだと思ってしまいます。しかし本当は470点の人が

490点を取ったのなら大きな成長です！ とにかく継続するのに大切なのは**自分が伸びていると意図的に目に見えて実感させる**ことです。

　実は私自身、大学時代に友人とTOEIC800点を目標に掲げましたが、失敗に終わりました。当時のそれぞれのスコアは600点前後でした。一回の受験でその目標を達成できるわけもなく、当然のことながら勉強は継続しなければなりません。しかし受験回数を重ねるごとに、現実にははるか遠い目標数値が私たちからだんだんとやる気を削いでいってしまいました。たとえ650点を取ったとしても、「目標にはまだまだ遠い」と思うから、お祝いするなんて大げさな、と考えていました。たまにスコアが下がったりすると、もうおしまいです。800点を目指しておきながら600点代のスコアが落ちる、なんていうのは「やはり自分には語学の才能がないんじゃないか…」とまで考えてしまいます。これではいけません。

　英語の勉強を始める時は、**最初は目標はあえて低く設定して、自分に達成感を得させましょう。**これが自分でも知らないうちに、実は勉強を継続させる戦略になっているのです。

12 頑張ったら必ず自分に報酬を与える

　英語の勉強をしていて、**モチベーションが落ちてきた時は、自分に「報酬」を用意してあげましょう**。私は TOEIC や英検、通訳案内士の勉強で、何度となく英語の勉強に息詰まることがありましたし、成績も伸び悩み、とにかく精神的に苦しかったのを覚えています。しかし考えてみると、資格試験にチャレンジしようものなら、絶対に誰でもそういう時はくるものだと思います。私の場合、そんな時はどうしたかというと、とにかく自分が喜ぶことを計画しました。その一つを紹介したいと思います。

　通訳案内士の二次面接試験に向けて勉強していた時のことです。その時は一日約 4 時間、一人で英語を話す練習をしていました。一人ですから大変孤独で辛かったのをよく覚えています。これを 3 ヵ月間続けましたが、今から考えてもよく続け

られたものだと自分でも驚いています。なぜ当時は続けられたのか、冷静に振り返ってみた時に、少しコツがあったことに気づきました。

　月曜日から金曜日はとにかくストイックに頑張りました。しかし一週間の終わりの金曜日の夜は何をしてもいいことにしていました。これが自分への報酬です。合格までの3ヵ月はあまりにも長く感じられたので、勉強を継続するために、その自由時間の楽しみを自分へのご褒美にしました。報酬の中身は、好きなテレビ、映画、ミュージックDVDなどを見ながら、夜更しをして好きなものを食べ、好きなものを飲んでいました（ビールです！）。夜遅くお酒を飲んだり何かを食べたりするのはよくないとわかっていましたが、この時はあまり気にしませんでした。これがずっと続くようなら体にも当然悪影響がありますが、試験まで3ヵ月限定ということです。普段息が詰まるほど頑張っているのですから、どこかで休憩しないと嫌になるものです。ですからその時は、ひたすら解放感に浸るのです。もちろん試験が終わってからはそんな生活はやめました（少し気をつけてほしいのは、周囲に迷惑をかけないことです。同じ受験勉強の仲間や、自分の家族に変な心配や不安は与えないようにしてくださいね。それは守らなければいけない最低限のルールだと思います）。さらに、月曜日から金曜日はしっかり勉強して、土曜日は勉強をしませんでした。絶対にしない！と決めていました。この日を頭の休息日としました。そして日

曜日は、月曜日から金曜日まで覚えたことの総復習日にあてていました。今から考えると、金曜日の夜の**「解放感」があるから頑張って続けられたと言ってもよいでしょう。**

　もう一つTOEICの受験例を紹介します。社会人になってから私は頻繁にTOEICを受験していました。TOEICは大変集中力が必要で、試験終わりの合図の後は本当に疲れ切っていました。受験する前は毎回少し気が重いのですが、不思議なことに始まってみればあっという間です。試験が終わると何とも言えない解放感でした。受験を頑張ったのだから、その日の夜はちょっと贅沢な自分の好きなものを買って帰ったり、美味しいものを食べに出かけたりしました。そうやって**スコアは上がっても下がっても、頑張ったということをとにかく誉めてやりました**。世間の人が誉めてくれるのは基本的にスコアが上がった時だけです。でも自分自身に対しては、結果はひとまず置いておいて、きちんと頑張って受験した、それだけでもよく頑張ったと素直に認めてやるとよいと思います。

　もし、英語を勉強していて**もう体が限界で拒絶反応が出そうになったら、とにかく自分を解放してやることも大切**です。これは勉強を継続するためにも、とても大切なことだと思います。こうやってたまには自分を解放しながら受験していくうちに、結果として勉強を「継続」することに成功しているものです。

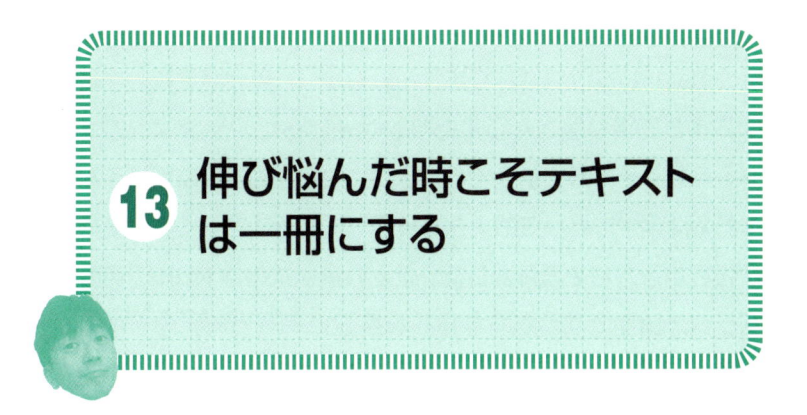

13 伸び悩んだ時こそテキストは一冊にする

　いろいろなテキストに手を出しては途中で挫折し、また新しいものを買ってしまう、最初の 20 ページくらいしかしていないのに、気づいたら英語関連の本が本棚にかなり並んでしまった…という経験のある人は結構いるのではないでしょうか。そんな人にまず言っておきたいことは、実は、**英語が伸びた人は、たいてい一冊のテキストを集中して最後まで終えた人**だということです。私自身も、もちろんたくさんのテキストに手を出して失敗したこともあります。しかし今となってみると、やはりテキストは一冊を信じて使う方が伸びたことを実感しています。その例を一つ紹介しようと思います。

　私は大学時代に大学の文化交流プログラムで、5 週間アメリカにホームステイをしました。かかる費用は親に頼らず、自分で貯めました。計算すると当時毎月およそ 3 万円は貯金する

必要があり、いろいろ節約をしました。そんな中で、当然英会話の勉強もしなければなりません。しかし、英会話学校の学費は高すぎて手が届きそうにありませんでした。学費はどこも一ヵ月およそ一万円前後でしょうか。貯金が必要な時期にそんなお金は学生にとっては大きな負担です。そこで安く英会話の勉強をする方法を考えました。たどり着いたのはNHKの英会話ラジオ講座です。これなら一ヵ月330円（当時）のテキストを買えばいいだけ、あとは毎日受講する番組をタイマー予約して、毎晩寝る前に聞けばいいだけです。他に参考書もないからそれをやるしかありません。結果、同じものを何度も繰り返すことになり、案外これが身につきました。もしお金に余裕があったなら、様々な英会話のテキストを買っていたような気がします。もちろん英会話学校にも行ったでしょう。しかし、果たしてたくさんテキストを買ったとして、すべてやり抜くことができたのか、それが効果があったのかは今から考えても疑問に思います。

　当時私は毎月のテキスト以外に、一冊だけNHK英会話シリーズで別冊になっている『このひと言で伝わる！NHKラジオ英会話一発表現300』（大杉正明・著／日本放送出版協会）という本を買いました。テキスト自体は1,300円でしたが、付属のカセットテープは別売りで1,700円でした。いまならCD付きで1,000円くらいのテキストもたくさんありますが、当時は音声教材としてはこれが普通の価格でした。結局この2

つを合わせると3,000円の高価な教材ということになります。しかし、そのカセットテープは今までに聞いた英語の音声教材のなかで、一番多く回数を聞いた自信があります。途中でMDにも録音していましたが、カセットテープで聞きすぎてテープが伸びてしまったほどです。

　英語の勉強をしている人に考えてみてほしいのですが、安く簡単に手に入る一冊1,000円CD付きの本を、今までどれだけ本気で勉強したことがあるでしょうか。もしかするとまだ最初の20ページくらいしかしていないのに、なんとなく飽きてしまい、気づけば他の同じような教材をまた買っているということはないでしょうか。現在巷には、低価格でよい教材がたくさん出回っていますが、不思議なもので、その分、私たち勉強する者は一冊一冊に対する思い入れが軽くなってきているような気がします。本が売れれば書店にとっても著者にとってもありがたいことですが、あなた一人だけは損をしているのかもしれません。本当にいい教材というのは、本来は買った人が満足しなければなりません。

14 目標は当面一つにする

　英語力をつけるためには英検やTOEICを利用するととてもよいと思います。中には私のところに「英検もTOEICも両方受験しようと思います！」と宣言しに来る人もいます。ものすごくやる気になっているので「ぜひ頑張ってください」と言うのですが、少し心配なことがあります。それは途中で挫折してしまわないだろうか、ということです。本来なら英検もTOEICも同じ「英語」ですから、同時に勉強しても成果は出ます。しかし私個人の考えかもしれませんが、それはある程度上級者に限られるのではないかと思います。

　私も今でこそ英検1級も持っていますし、TOEICも安定して900点は取れるようになりましたが、同時にこの2つの試験を受けたのかというと、実は違うのです。英検1級合格を目指した年は、TOEICは受験していません。つまり英検のこ

とだけに集中したのです。『二兎を追うものは一兎をも得ず』ということわざがあるように、両方逃してしまう不安を感じたのです。**合格を一つでも取れれば自信になり、また勉強を継続しようという気にもなります。**一方で、もし2つとも逃してしまえば一気に英語の勉強のやる気を失いかねません。まずは一つに目標を絞って勉強をしてみてはどうでしょうか。

英検とTOEICという2つの試験は同じ英語ですが、試験問題の中身はやはり違うと言わざるを得ません。どちらがいいとか悪いという問題ではありません。

英検1級はとにかく語彙です。ひたすら難解な語彙を覚えて身につけることが最優先です。そして長文問題はやたらと長く、中には英字新聞をそのまま読むようなものもあります。たくさんの英文を、しかもじっくり読まなければ答えは出ません。いわば**精読と速読の両方を要求**しているような感じです。英検1級では文法問題はまず出題されませんが、最後の問題ではエッセイを書かなければいけません。限られた時間で200語ほどのエッセイを書くには、必ず文法力が問われます。

一方で**TOEIC**はどうかと言うと、文法問題は比較的たくさん出題されます。もちろん語彙問題も出題されますが、語彙レベルはそんなに高くなく、**いかに速く読み進めて処理できるかといった、情報処理能力が試されている**ような気がします。つまりある程度、雑な読み方をしてしまっても答えが出ることもあります。英検よりもリスニングの点数配分が高いという点も

かなり違います。

　私のアドバイスとしては、同じ英語の試験ですが実際にこれだけの違いがあるので、やはり一つに絞って徹底的に取り組んだ方がいいのではないか、と思います。残念なのは、絶対に力はあるはずなのにあと一歩のところで合格を逃してしまったり、TOEICなら目標スコアを逃してしまう人が大変多いことです。あと一歩だということに本人が気づいていないことが多く、本当に見ていて「惜しい」と思うことがよくあります。あと一歩になってしまう理由は、あきらめない努力はもちろんですが、ほんの少しの工夫のような気がします。どういう問題がよく出るか、そのパターンをしっかり知っておき、慣れて受験するのとそうでないのは大きな差が出ると私は思います。

　通訳案内士国家試験の勉強においても、まったく同じことが言えます。私は通訳案内士国家試験を受験した年は、英検もTOEICもまったく勉強していません。日本史や日本地理の勉強も必要でしたし、なによりも「英語をしゃべる」ことが求められる試験でしたから、その一年は「英語を話す」分野を徹底的に勉強したものです。その結果一回目の受験で筆記試験も、面接試験も合格できました（ちなみにその時は、ハロー通訳アカデミー（2011年に閉校）の通信講座にお世話になりました）。そしてその2つの試験を合格した後、現在はTOEICの勉強を中心にしています。永遠に一つの資格試験の勉強ばかりしていれば偏った英語力しかつきませんが、私の場合は幸い3

つの試験を受験してきましたので、比較的バランスのよい英語力がついてきたと思います。以下の通りです。

① **英検1級**を勉強することで、**語彙と作文力がつき、英字新聞が読めるようになりました。**
② **通訳案内士**の勉強で**英語がしゃべれるようになりました。**
③ **TOEIC**で英語がほぼ何でも**聞き取れるようになりました。**

3つの試験を総合すると、読む、書く、話す、聞く、この4つの能力がバランスよく習得できたと思います。今なら、ここまでたどり着いて初めて、どの問題も「同じ英語の問題だな」と思えるようになりましたが、同時に3つの試験を受験していたら今のような結果が出ていなかったかもしれません。

まず、**一つでも目標を達成すればやる気もわき、次も頑張ってみようと思うもの**です。その軌道に乗れるかどうかはやり方次第です。私のように英検1級と通訳案内士を一年ごとに続けて取ってしまえば、どんどんまた頑張ろうという気持ちもわきますし、自信にもなります。しかし、実力はついてきているはずなのに、両方同時に受験したがために2つとも結果が出ずに終わってしまってはもったいないのです。そして何ひとつ資格が取れないとなると、誰にもその実力を証明するものがないというのが実体なのです。ですからまずは目標を欲ばらず、一つにしてみてはどうでしょうか。

15 勉強は試験3日前には切り上げる

　仮にあなたがTOEICの受験を控えているとしましょう。そんな時、試験前日はどのような過ごし方をしていますか。私は今までにTOEICを50回以上受験してきて、試験直前の過ごし方にいろいろな失敗をしてきました。そこでいくらかアドバイスをしたいと思います。

　TOEICという試験は200問で2時間、本当に集中力が試される試験です。ですから受験する前に体がすでに疲れているというような状態ではなかなか集中力がもちません。私は以前は、前日によく2時間の模擬試験を自宅でやり、その後答え合わせをして本番に臨んでいました。こうすることで「試験慣れをする」そして「できることはした」という意識を持っていました。しかしやってみるとわかるのですが、答え合わせをした後、解説を読みながら復習をしていたら、ざっと2時間は

かかります。そうすると模擬試験の時間と合わせて合計4時間も勉強していることになります。前日の勉強としては、これは結構負担でした。その結果、当日は疲れを残したまま受験をしていたのです。そもそも大変集中力の求められる試験ですから、試験前に疲れていては思うようなスコアも取れませんでした。もちろん本人としたら精一杯の努力をして頑張っているつもりでしたが、これは単なる自己満足でしょう。

冷静に考えると、努力の仕方を完全に間違っていたのではないかと思います。だいたい前日にやったからといってそんなにスコアが急に上がるわけはないのです（もちろんまったく勉強してこなかった人が前日くらいは頑張るのには意味があると思いますが…）。そもそも前日に頑張らなくてももっと前から定期的に頑張っておけばよいことで、土壇場になってすることはないのです。もしこういう傾向があなたにもあるなら、今後のスコアは伸び悩むかもしれません。

実は前日にはむしろリラックスした方がいいくらいです。時間に余裕を持って過ごし、あくせく勉強しない。するなら今までやったテキストの見直し程度で、新しい問題には手を出さない。リスニングも本来は45分間ですが、私は公式問題集などで各パートを3問か4問程度して終わりです。時間にしたら20分程度ではないでしょうか。その時に「あぁ、そうそう、こういう答えの聞き方をしてくるんだよな」というように軽くイメージトレーニング、リハーサルをして終わります。

プロ野球の先発投手は、試合前日、どのような過ごし方をしているかご存じでしょうか？　登板する前日は、球場には姿を現しますが、軽くキャッチボールやストレッチをして早々に練習を切り上げてしまいます。まさか200球の投げ込みなんてする人はいないでしょう。TOEICの受験もそれと同じイメージでいきましょう。200球の投げ込みや徹底的な筋力トレーニング、下半身の強化はシーズンの始まる前のキャンプでするのがプロです。このやり方を英語を学習している人も見習ってほしいと思います。特にスコア800点を目指している人は、前日の体調に気遣うことをオススメします。このあたりの点数を目指している人は、英語力自体は確実についてきている一方で、まだ完璧というわけではなく、少しの集中力の差で不安定なスコアになりがちです。ですから前日はほどよく体を休めてリラックスしておくのがいいと思います。

　しかし500点に満たない人や600点を目指している人はそうもいきません。話は別です。まだまだ少しでも知識を蓄える必要があるので前日にしっかり勉強してもいいと思います。このあたりのスコアの人は問題を最後まできちんと読めない人も多いと思います。そう考えるとどれだけ知っている問題を得点し、あとは捨てるか？というようなスタンスでいいでしょう。徹夜をする必要はありませんが、前日も寝不足にならない程度には知識を増やす勉強を継続してもよいかなと思います。

16 連続受験することで成果は何倍も上がる

　TOEIC を受験している人の中で、一回の受験でスコアが悪かったら次の受験をしないという人をよく見かけます。スコアが悪ければやる気が落ちてしまう気持ちもよくわかりますし、私もそういうことは何度も経験しました。

　しかし、ここでスコアを上げるために大切なコツをお話ししましょう。英語のリスニングの勉強はスポーツに似ていると書きましたが、TOEIC の受験もスポーツに似ていると考えてください。**実は TOEIC は何回か受験することで「慣れ」が大きくスコアに影響します**。私は今までに 50 回以上 TOEIC を受験してきましたので、問題の内容はよく似たものがたくさん出されることを知っています。実はまったく同じ問題に遭遇したことさえあります。ですから回数を重ねると、時間配分ももちろんわかってきますし、問題自体に「慣れ」も出てくるので

す。それなのに一回受験してスコアが悪かったから、もう次は受験しないという人が大変多く、せっかく次は「慣れた」おかげで、前回よりも余裕が生まれるかもしれないのに、すごくもったいないことをしていると思います。

　TOEIC のスコアは連続して受験するとかなりの確率で点数が上がります。もちろんそのためには日頃の勉強が欠かせませんが、私自身も 50 回以上受験してきて、実際に連続して受験するとスコアは上がりやすかったように思います。もちろんスコアが下がってしまうこともありましたが、回数を重ねて自分なりに分析すると、上がった方が多いと思います。逆に半年ぶりに受験をすると、やはり感覚が鈍るのかスコアが少し下がってしまうことがあります。

　そうならないために、オススメの方法があります。それは**スコアの結果が出る前に、次の申込みをしてしまう**のです。私はいつもインターネット成績開示サービスを利用していますので、受験日から約 3 週間で自分の結果スコアを知ることになります。しかし、そのスコアの結果がどうであれ、結果が出る前に次の受験申込みをしてしまいます。もしスコアが下がってしまっていても、もう次に向かって始動しなければならない状況を自分で作り出しているのです。これも勉強をうまく継続させる一つの手段です。

17 年間受験スケジュールを手帳に書き込む

　私がTOEICの勉強をしているのを見て、「時間があったら受験したいんだけどね…」と周囲の人が声をかけてくることが今までによくありました。「じゃあ、一緒に今度受験しませんか？」と誘うのですが、そういう方はほぼ毎回「忙しい」と言います。しかし、断言しましょう！　多くの場合、こういう人は時間があっても絶対に受験しません（笑）。そもそもTOEICは年間10回（英検は年間3回）も受験機会があって、それが全部何らかの予定で受験不可能だというのは、まずあり得ないと思います。本心ではただ、受けたくないだけです。受けたくはないが、一応TOEICのことはある程度知っているよ、と周囲にアピールをしたいだけです。**自分から「忙しい」と言う人は、それほど忙しくない人です。**本当に忙しい人は、そういう会話をする暇もないくらい忙しいからです。

現在日本では何かとTOEICのスコアを求められるようです。大学生になれば必ず耳にしますし、就職活動前に履歴書に何点と書けるか意識するでしょう。社会人になってからも転職する際はスコアが高ければそれなりに有利になるでしょうし、会社によっては点数のノルマを与えるところも少なくありません。

　そんな中でも、なぜかいつまでも受験を先延ばしにする人と、そうでない人がいます。受験する人としない人とでは何か根本的に意識が違うのです。私の個人的な感想かもしれませんが、本気で英語力を伸ばしたいと思っている人は、まずTOEICの受験日を事前に調べてよく知っています。そして「今度は◯月◯日に試験があるな…」と受験日を普段から意識しています。先延ばしにしている人は、ほとんどの場合、人から言われて初めて受験日がいつかを知ります。そういう人は、まずは年間の受験日を手帳に書き込んでみるのはどうでしょうか。そして、申込み「締切日」ではなく申込み「開始日」を手帳に書き込むことです。申込み締切日を基準にすると、ぎりぎりまで受験しようかしまいかと悩んでしまい、結論を先延ばしにしてしまいます。先延ばしにしてしまうということは、それだけ受験のための準備時間が少なくなってしまうということです。それに、まだ締切日ではないと思うと、もしそれまでに友人から食事に誘われたりするとそちらを優先してしまうでしょう。「あ、じゃあ、TOEICの受験はまた次にしよう…」そうやって次回もまた同じことを繰り返してしまうのです。ですか

ら、あれこれ考える前に受験申込みが始まったら、すぐに申込みを済ませてしまうのです。

　受験申込みをすぐにする人は、少し大げさかもしれませんが、スコアが上がる可能性が高い人です。早く申込みをすると、いくつかメリットが出てきます。受験日がまだ一ヵ月以上先のことなので、周囲からの誘い、会社の仕事依頼も恐らくまだ来ていない段階です。そうすると、様々な予定の中でTOEICをいちばんに優先することになるでしょう。それに一度申込み手続きをしてしまうと、たとえ友人から誘いを受けてもさすがに受験料ももったいないですし、受験する方を選ぶのではないでしょうか。要するに、**早く申込みをする人はTOEICの試験日を中心に自分の生活が動いているのです**。スコアを本気で上げたいならそれくらいの気持ちが必要です。それに「締切日」に申込みをする人より、一ヵ月も長く勉強する時間が確保できたことになります。ですから受験申込みは早ければ早いほど受験者に有利になるのです。

18 「やっぱり無理なのかな」と感じたら合格の一歩手前

　以前、私の大学時代のある友人が、英検準1級にチャレンジしていました。しかしながら、なかなか思うように勉強が進まなかったのか、不合格が続いていました。私の職業柄もあってか、その友人からいろいろと勉強のアドバイスを求められたので、自分の経験からわかる範囲で相談にのりました。そうこうして一年以上がたった頃、連絡がなくなったのでどうしているかなと思い、こちらから久しぶりに連絡をしてみました。すると、英検は3回連続で落ちていたので、さすがに次回の受験は見合わせようかと思っていたらしいのです。

　私はこのように、合格を目指していながら途中で挫折していく人を今までに何人も見てきました。私自身、英検1級に5回も落ちていますから、不合格が続く情けなさ、絶望感、そういった気持ちは痛いほどよくわかります。しかし、だからこそ

私自身気づけた部分もあるので、みなさんに最後に伝えたいことがあります。

それは、**「やっぱり無理なのかな」と思っている頃が、案外合格の一歩手前**だったりする、ということです。だからもう一踏ん張りしてほしいのです。本人としてみれば受験勉強に疲れが出る頃だし、何より精神的にも落ち込んでいるため、実際どれだけ自分が合格に近いところにいるのかなんてわからないかもしれませんが、そこまで苦しんだ人こそ、もう合格の一歩手前だと考えてよいのです。「あと一踏ん張りの努力」をぜひ覚えておいてください。

先ほどの友人について冷静に考えてみてもらえばわかると思いますが、まがりなりにも一年以上も英語を勉強してきたわけですから、英語力がついていないはずがないのです。**去年の自分より今年の自分の方が進歩しているのは確実です。**

私はその友人に「とにかく受験申込みはしといたら？」というアドバイスをしました。そして自分自身もどれだけ伸び悩んで辛かったかという経験話をしました。その友人はその後受験申込みをしてくれたようで、勉強を続けた結果、なんと4回目の試験でついに合格してしまいました。本人も「どうせまたダメだろう」くらいの気持ちがあったようで、合格の結果が届いた時は本人がいちばんびっくりしたそうです。

今は過去の自分の英語力を冷静に振り返ることもできるのでわかりますが、**もう限界だなと思うくらいの時は、実は合格が**

目の前まできていた時だと思います。しかし、受験に失敗し続けている時は、当の本人は何と言われようと完全に自信を失っているものです。合格の一歩手前だなんて言われても本人にはわからないもので、自分が今どのくらい伸びたのかなんて実感もないでしょう。しかし、だからこそ覚えておいてください。あなたはもう「合格の一歩手前」なのです。

　読者のみなさんも、もうダメだと思ったことは何回もあるでしょう。そんな時、今までどうしていましたか？　おそらくあきらめるという言葉は口にしたくないので、ちょっと時間を置くとか一回休憩しようと思って、受験をしなかったことはないでしょうか？　実はその**一回休憩とか、受験を見合わすということが合格をとてつもなく遠くに追いやってしまっている**ことを知っていますか？　一回お休みすると気が抜けてしまい、せっかく今まで覚えていたことも忘れてしまうものです。そして再びチャレンジしようと思った頃には、自分の後退した単語力に嫌気がさし、ついにあきらめてしまうかもしれません。だからできれば受験は連続してください。**もしあなたが次の試験に落ちたとしても、絶対に得るものはあります。**「やはりできなかったか」とわかるだけでも、ちゃんと自分の英語力を把握できていることになるじゃないですか。受験をしなかったら自分の目の前の実力に目をつむることになります。その結果「できない」とも思わないわけです。そうなると確実に後退します。「できない」という焦りが、勉強の原動力になることだっ

てあります。**語学力はやめると必ず落ちてしまいます**。だからなんとか踏ん張って継続してほしいと思います。

　松下電器（現パナソニック株式会社）の創業者、松下幸之助さんがこう言っています。

「失敗したところでやめてしまうから失敗になる。成功するところまで続ければ、それは成功になる。」

　語学というのは才能ではありません。断言します。どうか、私のような不器用な人間が、5回も英検1級に落ちたことを思い出してやってください。そんな人間でも、今は英語講師の端くれとして英語を教える仕事に携われているのです。

　多くの人が英語を勉強することに飽きてしまい、いつの間にかやめてしまった。しかし、あなただけは英語の勉強を続けていた。その時、あなたの英語力は必ずや「普通の人」を超え、周囲をあっと言わせるものになっています。そういう努力を継続する人を、私はこれからも心から応援していきたいと思います。

著者紹介

坂口 雅彦（さかぐち まさひこ）

広島県福山市出身。立命館大学文学部 英米文学専攻学科卒業。
大学卒業後22歳で高校教師に。8年間広島県内の私立高校に勤務、そのうち7年間はクラス担任を受け持った。30歳で高校教師を辞め、予備校講師に転身。現在は広島、福岡地区の大手予備校で英語を教えている。
25歳から本格的に英語の勉強に取り組み、現在に至るまで様々な英語学習法に挑戦。試行錯誤を繰り返す中、TOEIC の受験回数は50回を超え、過去英検1級には5回不合格。それでも現在は留学経験なしでTOEIC975点、英検1級、通訳案内士国家試験に合格。生徒のわからないところがすぐにわかることが得意。『英語はやり方次第で誰でも必ず伸びる！』がモットー。自らも日々英語力向上に励んでいる。

留学不要の英語勉強法

2014年5月25日　初版発行

著者	坂口 雅彦（さかぐち まさひこ）
カバーデザイン・写真	竹内 雄二
本文イラスト	新井 優子
DTP	WAVE 清水 康広

©Masahiko Sakaguchi 2014. Printed in Japan

発行者	内田 真介
発行・発売	ベレ出版 〒162-0832　東京都新宿区岩戸町12　レベッカビル TEL.03-5225-4790　FAX.03-5225-4795 ホームページ　http://www.beret.co.jp/ 振替 00180-7-104058
印刷	モリモト印刷株式会社
製本	根本製本株式会社

落丁本・乱丁本は小社編集部あてにお送りください。送料小社負担にてお取り替えします。

本書の無断複写は著作権法上での例外を除き禁じられています。
購入者以外の第三者による本書のいかなる電子複製も一切認められておりません。

ISBN978-4-86064-395-9 C2082　　　　　編集担当　新谷友佳子